가격 경제학

가격 경제학

가격을 알면 경제가 보인다

도쿠다 겐지 지음 ｜ 이정미 옮김

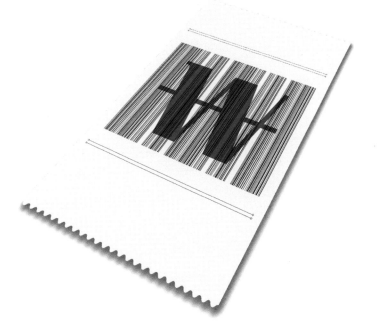

K 사단 한국물가정보

옛날에는 주먹밥에 가격이 없었다?

필자는 30년간 경제학을 가르쳐 왔지만 아직도 '가격'은 어려운 주제입니다. 매번 꼬리에 꼬리를 이어 의문이 생겨납니다. 우선 퀴즈를 하나 내 보겠습니다. 다음의 두 가지 음식은 50년 전에 가격이 얼마였을까요? 힌트는 50년 전 첫 월급은 20만 원이었고, 현재는 그 열 배인 200만 원입니다.

1) 바나나 한 송이
①10,000원 ②2,000원 ③100원

정답은 ②2,000원입니다. '뭐야, 지금이랑 똑같잖아?'라고 생각하면 안 됩니다. 지금의 월급과 비교해서 생각하면

20,000원과 같은 가치를 지닙니다. 즉 같은 2,000원이라도 당시 바나나는 지금과 달리 꽤나 고급스러운 과일이었음을 알 수 있습니다. 지금의 멜론과 같은 위치에 있었다고 생각하면 될 것입니다.

당시의 10원은 지금의 100원과 맞먹습니다. 시대가 달라지면 돈의 가치도 달라지고, 그에 따라 가격도 달라집니다. 경제에서 모든 요소의 가격, 즉 당시의 물가수준은 현재의 약 10분의 1이었습니다.

2) 주먹밥 한 개
①1,000원 ②100원 ③공짜

이번에는 정답이 없습니다. 왜냐하면 '가격이 없었다'가 정답이기 때문입니다. 그렇다면 왜 '공짜'가 아닐까요? 공짜란 원래 '가격이 있지만 이번에는 특별히 0원으로 해 준다'라는 뜻이므로 '가격이 없었다'와는 의미가 다릅니다.

현재 주먹밥(삼각김밥)은 연간 수십억 개가 팔리는 인기 상품이므로 믿기 어려울 것입니다. 그러나 주먹밥이 편의점에 처음으로 등장한 것은 겨우 40년 전의 일입니다. 50년 전에 주먹밥은 집에서 남은 밥을 처리하거나, 여행이나 소풍에 가져갈 수 있도록 가족이 직접 만드는 것이었습니다.

가족이 만들어 주는 주먹밥에는 사랑은 있어도 가격이라는 것은 없었습니다. 집에서 만든 주먹밥에 가격이 없는 이유는 상품이 아니기 때문입니다. 같은 물건이라도 사고팔 때는 반드시 가격이 붙습니다. 바꾸어 말해서 가격이 없으면 사고팔 수 없다고 할 수 있습니다.

이 책에서는 가격에 대한 여러 의문을 함께 생각하고 풀어나가며 답을 찾아낼 것입니다.

차례

제1장
우리는 가격에 의지해 구매할 수밖에 없는가?

제2장
경제의 이모저모는 가격이 조정한다

제3장
투입한 생산비용을 회수할 수 있을까?

제4장
가격은 어떻게 결정되는가?

제5장
전부 팔아 치우기 위한 전략적 가격 결정

제6장
최후의 관문, 소비자의 '까다로운 눈'

덧붙이는 장
눈에 보이지 않는 가격도 있다

가격을 통해 보는 사회 시스템

이 책은 경제라는 복잡한 세계의 입구에서 갈팡질팡하는 분들을 위해 쓴 책입니다. 비즈니스는 물론이고 정치와 행정 등 모든 사회현상의 기초에는 경제 문제가 관련되어 있습니다. 하지만 경제학 입문서나 교과서에는 추상적인 개념만 가득할 뿐 우리의 실생활과 어떤 관련이 있는지는 실감하기 어렵습니다.

그러나 경제란 '우리 자신의 생활' 그 자체입니다. 이 책의 의도는 그 원점으로 돌아가 우리의 사회생활에서 경제가 실제로 어떻게 움직이는지, 그 생생한 시스템을 보여 주는 것입니다. 약속하건대 이 책을 읽는 사람은 누구든 경제가 무엇인지 명확하게 실감할 수 있게 될 것입니다.

평소에 '시스템'이라는 말을 많이 들었을 것입니다. 그런데 '시스템'이란 정확하게 무엇을 말하는 것일까요? 시스템은 '어떠한 목적을 달성하기 위해 조직적으로 실시되는 활동'이라고 정의할 수 있습니다. 우리가 시험공부를 할 때 교과서 내용을 기억하는 것은 우리 뇌의 정밀한 시스템 때문입니다.

사회에서도 다양한 사람이 여러 목적을 달성하기 위해 다양한 장소에서, 그리고 정치, 행정, 경제 등 다양한 분야에서 조직적으로 활동하고 있습니다. 그 활동 전체가 하나의 시스템이며 사회적 기반입니다. 정치 분야에서 선거로 뽑힌 국회의원들이 국민을 위해 국회에 모여 다양한 정책을 결정하는 것도 하나의 시스템입니다. 음악회에서 지휘자의 지휘에 맞춰 악기가 협주되는 것은 지휘봉이 움직일 때마다 각 연주자가 연주하는 시스템이 작동하기 때문입니다.

음악회에서는 지휘자의 지휘봉이 연주회라는 시스템을 움직이는 주역입니다. 그렇다면 경제에서의 주역은 무엇일까요? 바로 '가격'이 주역입니다. 가격이 움직임으로써 경제 시스템이 움직이기 시작합니다. 평소에 우리는 의식하지 못하지만, 사회는 이렇게 무수한 시스템의 움직임으로 이루어져 있습니다.

'가격'과 '사회 시스템'의 상관관계

이렇게 이야기하면 이 책이 시중에 흔한 '가격 메커니즘'에 대한 책이라고 생각할지도 모르겠습니다. 그러나 이 책은 그동안 출간된 가격을 다룬 수많은 경제학 서적과는 달리 '가격을 중심으로 움직이는 사회 시스템'이라는 관점에서 쓴 것입니다. 아마 경제학 입문서라는 명칭이 붙은 책 중에서는 거의 처음이라고 할 수 있을 것입니다.

중학생이 되면 수요(구매)와 공급(판매)이 같아지도록 가격이 조정된다는 소위 가격 메커니즘을 배우게 됩니다. 그다음으로 접하게 되는 가격에 관한 책 대부분은 그 가격 메커니즘을 더 자세하고 정밀하게 논하는 것입니다. 물론 이 책도 그 부분을 다룹니다. 가격 메커니즘이라는 '시스템'은 경제 시스템의 근간이며 우리의 경제생활과 떼려야 뗄 수 없기 때문입니다.

예를 들어 가게에 진열된 채소의 근원을 더듬어 올라가면 한 알의 씨앗에서 시작됩니다. 채소는 농부가 몇 달 동안 그 씨앗을 길러내고 시장에 출하해서 비로소 가게에 진열됩니다. 그동안 상품의 가격은 어떻게 생겨나서 어떻게 현재의 가격이 붙게 되는 것일까요? 바로 그 부분이 우리가 밝혀내야 할 '시스템'입니다. 여기서 가격 메커니즘이라는 경제를 움직이는 절묘한 시스템은 실제로 어떤 역할을 하고 있을까요?

이 책에서는 그 '가격'이 상품과 함께 태어나서 자라나는 험난한(?) 여행을 따라가며, ① '가격'이 수행하는 사회적 역할의 크기를 살펴보고 ② 어떤 사람들이 어떻게 가격을 만들어 내고 키워내는지, 그 과정을 거슬러 올라가며 확인할 것입니다. 또한 사회 속에 존재하는, 가격을 중심으로 한 전반적인 경제 시스템을 탐구해 나갈 것입니다.

이 책의 구성

이 책은 가격의 여행을 따라가는 흐름으로 구성되어 있습니다.

우선 제1장에서는 소비자의 입장에서 가격의 의미와 역할을 배울 것입니다.

제2장에서는 이 책을 위한 사전 지식으로 '가격 메커니즘'을 배울 것입니다.

제3장부터 가격의 여행이 시작됩니다. 첫 무대는 생산자, 농사 현장입니다. 여기서는 생산자와 가격의 관계를 배울 것입니다.

제4장에서는 드디어 출하된 농산물이 시장에 등장합니다. '가격 메커니즘'을 통해 처음으로 '시장가격'이라는 가격이 탄생하는 순간입니다.

제5장에서는 가격이 우리 소비자의 눈앞에 나타납니다. 소매점이 채소에 가격을 붙여 진열합니다. 여기서는 소매상의 가격 전략을 배울 것입니다.

제6장은 가격이 최후의 승부를 보는 지점입니다. 소비자가 그 가격을 수긍하고 구입할 것인지 판가름 나는 때입니다. 이 승부는 그야말로 순식간에 일어납니다.

마지막 장에서는 가격에 얽힌 흥미로운 에피소드에 관해 소개하겠습니다.

여러분은 이 책을 다 읽은 후 가게에서 수많은 가격표를 보았을 때 그 가격이 긴 여행을 거쳐서 왔다는 사실, 그 여행 길에 수없이 많은 사람이 존재했다는 사실, 그리고 그 덕분에 우리가 생활하고 있다는 사실을 기억하기 바랍니다.

가격을 둘러싼 '긴 여행'

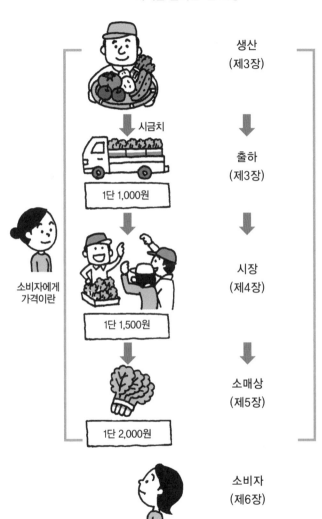

생산
(제3장)

시금치

1단 1,000원

출하
(제3장)

소비자에게
가격이란

1단 1,500원

시장
(제4장)

1단 2,000원

소매상
(제5장)

소비자
(제6장)

제 1 장

우리는
가격에 의지해
구매할 수밖에
없는가?

이 이야기의 출발점은 우리 소비자다. 소비자는 어떻게 가격을 보고 판단을 내릴까? 사람들은 편의점이나 마트에서 물건을 살 때 반드시 가격표를 먼저 보고 나서 상품을 본다고 한다. 이 장에서는 우리 소비자가 상품을 선택하고 구입할 때 어떻게 가격을 보고 판단을 내리는지 살펴보겠다.

물건을 산다는 것은 무엇일까?

우리에게 물건을 산다는 일이란 무엇일까? 같은 식품이라도 쌀이나 빵과 같이 매일 먹는 것도 있고, 케이크나 과일과 같이 때때로 먹는 것도 있다. 우리는 생활에 필요한 것, 원하는 것을 '사야만 한다.' 그러나 이 세상에는 상품이 엄청나게 많다. 빵집이 늘어서 있고, 마트에 가면 온갖 채소와 과일이 놓여 있다. 상품을 고르는 기준은 자신의 예산 범위 내에서 그 상품에 만족할 수 있느냐다.

여기서 참고할 수 있는 것이 '가격'이다. 우리는 가격과 상품을 보고 무엇을 살 수 있는지, 무엇이 가장 바람직한지, 필요를 충족할 수 있는지 판단하고 최종적으로 '이것을 사자'고 결정한다. 이처럼 가격을 단서로 삼아 상품을 구입하는 행동은 우리의 생활과 떼려야 뗄 수 없는 것이다.

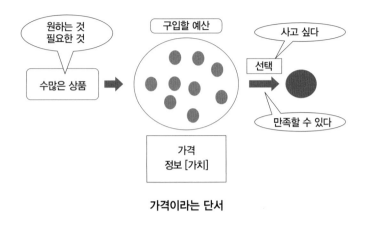

가격이라는 단서

사실 구매자는 상품에 대해 잘 모른다

소비자 관점에서 상품을 구입할 때 가장 큰 문제는, 가령 식품이라면 구입하기 전에는 맛이 있는지 없는지 알 수 없고, 사용하는 물건이라면 구입하기 전에는 편리한지 아닌지 알 수가 없다는 것이다. 반대로 판매자는 상품의 품질과 편리성을 잘 알고 있다. 이처럼 구매자와 판매자 사이에서는 상품의 품질이라는 중요한 정보가 한쪽으로 치우쳐 있다. 중요한 사실과 정보가 양쪽에 동등하게 대칭적으로 주어져 있지 않다는 의미로, 이것을 '정보의 비대칭성(양쪽이 정보를 동등하게 가지고 있지 않음)'이라고 한다.

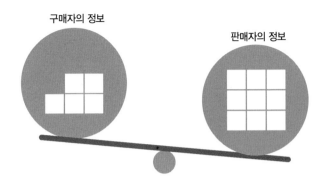

정보의 비대칭성

그래서 맛있을 줄 알고 산 음식이 기대만큼 맛있지 않거나, 편리할 줄 알고 산 상품이 기대만큼 편리하지 않은 등 구매에 실패할 위험이 항상 도사리고 있다. 우리는 모처럼 구입한 상품이 기대에 미치지 못해 낭패를 보는 일을 원하지 않는다. 그래서 그 위험, 즉 리스크에 대해 어떻게 행동해야 할지 항상 잘 판단해야만 하는 처지라고 할 수 있다.

그 실패의 위험에 우리는 어떻게 대처하고 있는지, 다음 퀴즈부터 알아보기 시작하자.

도시락을 사러 마트에 갔다. 다음 중 무엇을 고를 것인가?

① 가장 비싼 7,000원짜리 도시락을 고른다.

② 가장 인기 있는 5,000원짜리 도시락을 고른다.

③ 가장 저렴한 3,000원짜리 도시락을 고른다.

물론 정답은 없다. 결국 자기 만족이기에 모두가 정답이다. 만족하지 못한다면 그 선택지는 논외지만, 우리는 가격의 높고 낮음만을 가지고 만족하지는 않는다. 값싼 도시락이라도 만족할 가능성이 있는 것이다. 특정한 도시락을 원하는 욕구를 충족하느냐에 따라서 우리는 만족하기도 하고 만족하지 못하기도 한다.

구매에 정답은 없다

그러나 반대로 모든 보기가 오답일 수도 있다. 하나하나 확인해 보자.

①의 7,000원짜리 도시락을 고르는 경우.

아마도 판매자는 품질에 자신이 있기 때문에 가장 높은 가격을 매겼을 것이라고 추측된다. 그러나 문제는 항상 이렇게 가장 비싼 물건을 사면 예산이 부족해질 위험이 있다는 것이다. 욕구를 충족하고 만족하기 위해 상품을 구매하는 것이라고는 해도, 예산의 범위 내에서 구매해야 한다는 전제가 있다.

②의 5,000원짜리 도시락을 고르는 경우.

판매자는 중간 정도의 무난한 가격을 매겼다. 또 인기가 있어서 많은 사람이 구입하는 상품이다. 실패할 가능성은 낮을 것이다. 그러나 판매자와 다른 구매자들의 판단은 결국 남의 판단이다. 자신이 만족할지는 알 수 없다. 자신이 구매하는 것인데 자기 자신의 생각을 따르지 않는다는 근본적인 문제가 있다.

③의 3,000원짜리 도시락을 고르는 경우.

가장 싼 도시락이기에, 설령 맛이 없다고 해도 낭비된 금액이 적으므로 그만큼 실패의 위험이 낮다. 그러나 문제는 값이 가장 싸다는 것은 판매자도 품질에 그만큼 자신이 없을 가능성이 크다는 뜻이다. 그러므로 아무래도 먹었을 때 맛이 없을 가능성, 만족하지 못할 가능성이 있다.

결국 정답과 오답의 갈림길은 가격과는 무관하며 구매자가 만족했는지, 예산 범위 내에서 구매할 수 있는지에 달려 있다.

가격은 품질의 바로미터

바로미터란 기압계다. 기압계는 날씨 상황을 보여 준다. 여기서 알 수 있는 사실은 우리가 가격을 품질의 바로미터로 생각한다는 것이다. 우리는 사고자 하는 상품에 그 가격 이상의 가치가 있다고 생각하기 때문에 그만큼의 돈을 지불한다. 가치가 가격보다 낮은 상품은 결코 구입하지 않는다. 그러므로 다음과 같이 나타낼 수 있다.

가치 ≥ 가격

그러나 음식을 먹어보기 전에 그 가치를 알 수 있을까? 가격 이상의 가치가 있는지 어떻게 판단할까? 당연하지만 여기서도 구매자가 '마음대로' 생각하는 가치는 판매자가 인식하는 가치와는 다르다. 가치에는 가령 도시락 속 커다란 새우튀김이라는 단순한 외관뿐만이 아니라 새우튀김 외의 요소도 들어 있다. 그 마트에서는 무엇을 구입해도 만족할 수 있다는 신뢰감이 있을 수도 있다. 마트의 분위기나 친절함 등도 관련이 있다. 우리는 도시락만을 보는 것이 아니라 그 외에 장소의 분위기 등도 포함해서 구입 여부를 판단한다.

사지 않는다는 선택도 있다

당연한 이야기지만 우리는 도시락뿐만이 아니라 그 외의 상품도 함께 사러 마트에 간다. 과자처럼 반드시 필요하지 않고 취향에 따라 구입하는 기호품에는 예산을 그다지 많이 배정하지 않는다. 일본의 마트에서는 소비자 한 명당 평균 약 10가지 품목을 구입하고 총액 약 20,000원을 지불한다고 한다. 만약 7,000원짜리 도시락을 산다면 채소 등 그 외에 필요한 상품을 구입하지 못하게 될 가능성이 있는 것이다. 그러므로 상품을 구입할 때는 항상 전체 예산을 생각하고 각 품목에 대해서 살지 말지 판단해야 한다. 그 상품을 살 것인지, 그 상품이 꼭 필요한지 생각한다.

가령 케이크를 사고 싶지만 예산을 생각하면 아무래도 돈이 모자랄 때, 물론 사지 않는다는 선택지도 있다. 그러나 거기까지 가지 않더라도, 충분히 만족스럽지는 않겠지만 가령 값싼 과자로 대체할 수도 있다.

지금 꼭 사고 싶은가?

오늘은 값싼 과자가 아니라 꼭 케이크를 사야겠다는 마음을 억누르지 못할 때도 있다. 내일 사도 된다고 생각할 수 있지만, 같은 물건이라도 언제 사느냐의 문제는 '오늘 사는 케이크'와 '내일 사는 케이크' 중 무엇을 더 높이 평가하고 선호하느냐에 따라 달라진다.

오늘 꼭 그 케이크를 사고 싶을 때는 오늘의 케이크를 강력하게 선호하고, 내일의 케이크와 비교할 때 오늘의 케이크를 매우 높이 평가하는 것이다. 반대로 내일 사도 괜찮다고 생각할 때는 오늘의 케이크를 내일의 케이크만큼 선호하지 않는 것이다. 이것을 '시간(에 따른) 선호'라고 한다.

이렇게 보면 우리가 물건을 사는 행동에는 내일, 미래의 자신은 어떻게 생각할 것인가에 대한 현재의 판단이 알게 모르게 개입됨을 알 수 있다. 내일 실제로 먹을 리가 전혀 없는 음식을 무심코 구입하는, 얼핏 보기에 비합리적인 충동구매도 이루어진다.

다른 가게에 가는 방법도 있다

예를 들어 이 가게에는 마음에 드는 딸기가 없지만 다른 가게에는 있을지도 모른다. 그러나 여기에는 두 가지 문제가 있다. 하나는 다른 가게에도 없을 수 있다는 불확실성. 그 가게에서도 마음에 드는 딸기를 팔지 않을지 모른다는 위험이 있다. 다른 하나는, 다른 가게에 마음에 드는 딸기가 있는 것은 확실하지만 그 가게에 가는 데에 걸리는 시간, 그리고 경우에 따라서는 많은 교통비가 들 수도 있다는 것이다. 특히 지금 살지 나중에 살지 생각할 때와 마찬가지로, 우리는 행동할 때 '시간'을 개입시켜 생각한다. 가령 다른 가게가 걸어서 15분 거리에 있다면, 그 가게에 갈 것인가?

그 왕복 30분 동안 장보기를 마칠 수도 있고, 집에 가서 다른 일을 할 수도 있다. 무언가 행동을 할 때는 다른 무언가를 포기하게 된다. 이 경우에는 그 시간을 다른 가게에 가는 데에 소비함으로써 그 시간에 하려고 했던 일, 가령 서점에 가거나 집 청소를 하는 일을 포기해야 할지 모른다.

우리는 알게 모르게 그 행동 때문에 하지 못하게 될 일들을 생각하고, 지금 어떻게 할지 결정한다. 이처럼 무언가를 할 때 그 때문에 하지 못하게 되는 일을 경제학에서는 '기회비용'이라고 한다. 가령 그 시간에 하려고 했던 아르바이트를 포기하게 되면, 그 때문에 받지 못하게 된 아르바이트 보수를 일종의 '비용'으로 생각하는 것이다.

물론 그래도 다른 가게에 갈 수 있다. 그 경우에도 그만큼 무언가를 희생한 것을 염두에 두고 물건을 산다. 하고 싶은 다른 일을 포기하고 가게에 가는 것이므로, 그 희생에 걸맞은 가치를 상품에서 기대하게 된다. 가령 가격이 마찬가지로 5,000원, 7,000원인 도시락이라도 훨씬 맛있어 보이지 않으면 사지 않는 것이다. 이것은 아주 합리적인 행동이다.

이처럼 우리는 시간을 고려해서 물건을 사기도 하고 사지 않기도 한다. '시간은 비용이고, 시간은 금이다'라는 진리는 불변이다.

왜 내가 올 것이라는 것을 미리 알고 있을까?

우리는 가게에 가서 상품의 가격을 보고 얼마나 많이 살지를 결정한다. 여기에는 누구나 당연하게 여기고 의문을 품지 않지만, 생각해 보면 신기한 점이 있다. 가령 우리는 매일 과일을 사지 않는다. 어쩌다 손님이 오기로 되어 있거나, 문득 과일이 먹고 싶어졌거나, 가족이 부탁하는 등의 이유가 생길 때 과일을 사러 간다. 거기다 제철인지 아닌지 생각하지 않고 사는 경우가 많다.

그런데 신기하게도 우리가 그저 어쩌다 가게에 가도 거의 반드시, 사기 좋은 가격에 맛있어 보이는 과일이 여러 종류

진열되어 있다. 과일뿐만 아니라 마트에서 파는 수만 가지가 넘는 상품도 마찬가지다. 거의 모든 고객은 자신이 원하는 것을 정확하게 찾아내서 계산하고 당연한 듯 집에 간다. 품절이 되는 일도 거의 없다.

우리가 가면 마치 기다렸다는 듯 과일이 진열되어 있고, 게다가 거의 딱 좋은 가격이 붙어 있다. 가게는 어떻게 우리가 올 줄 미리 알고 과일을 준비해 두었으며, 우리가 사고 싶어지는 가격을 붙였을까?

필자는 어제도 가게 점원이 진열대에 바나나를 열심히 채워 넣는 모습을 지켜 봤다. 가게는 새로 채워 넣어야 할 정도로 바나나가 잘 팔릴 것을 어떻게 미리 알고 있을까? 가게는 모든 고객의 취향과 필요를 모두 예측하고 있는 것일까? 상품이 부족해지지 않도록 하면서, 살 마음이 드는 가격을 붙여서 팔고 있는데, 이것은 어떻게 가능한 것일까?

이것이 가능한 이유는, 앞서 예로 든 도시락처럼 모든 가게는 그 시기에 어떤 상품이 얼마의 가격에 얼마나 많이 팔리는지 알고 있기 때문이다. 그 시기, 그 지역의 소비자들이 어떻게 물건을 사는지, 미리 데이터로 파악하고 있다. 그렇다고 해도 의문이 사라지지는 않는다. 가령 우리는 언제 딸기를 사러 갈지 모른다. 이처럼 몇천 명, 몇만 명의 소비자가 자기 마음대로 생각하고 움직인다. 그 한 명 한 명의 행동을 어떻게 데이터로 명확히 집약해서 이용하는 것일까?

마법과도 같은 통계의 법칙

우리가 딸기를 구매하는 동기는 각양각색이지만, 방대한 데이터를 집계하면 가격과 구매량의 관계가 뚜렷하게 드러난다. 축적된 데이터는 안정적이고 신뢰할 수 있기에 그다음에 일어날 상황을 예측할 수 있다.

자기 마음대로인 소비자들의 선호와 변덕 때문에 구매하는 사람, 항상 구매하는 사람 등 여러 요소가 있다. 그러나 집계해서 평균을 내면 개인차가 사라지고 안정된 데이터가 된다. 수학에서는 이것을 '대수법칙'이라고 하는데, 누구나 언젠가 배우게 되는 중요한 전문용어다. 이 대수법칙 덕분에 매일 변동하는 각 상품의 수요와 소비자의 행동을 예측할 수 있다. 내가 딸기 한 팩이 7,000원인 것을 보고 너무 비싸다고 생각해서 사과를 대신 산다고 해도, 이러한 한 사람의 행동은 경제에서는 매우 작은 부분이기 때문에 방대한 숫자 속에서는 무시된다.

그래서 가격에 따라 팔리는 수량을 나타내는 딸기의 수요곡선(제2장에서 소개)은 매우 안정되어 있다. 그리고 이 가격에서 얼마나 팔릴지, 가격을 올리면 판매량이 얼마나 줄어들지, 가격을 내리면 판매량이 얼마나 늘어날지, 확실히 예측할 수 있다. 예를 들어 크리스마스 시즌인 12월에는 비싼 값에 팔 수 있지만 대량으로 팔리지는 않고, 5월쯤이 되면 가격은 내려가지만 판매량이 늘어날 수 있다. 이처럼 계절에 따라 어느 달에 어느 정도의 가격과 수량이 팔리는지 예측할 수 있는 것이다.

이처럼 가게는 품목별로 가격에 따라 얼마나 많은 양이 팔리는지 알고 있다. 그러므로 그날의 판매 동향을 보고, 그 상품이 전부 팔리도록 가격을 바꿀 수도 있다. 수요곡선은 우유의 수요곡선, 두부의 수요곡선 등 모든 상품에 존재하며, 모든 가게가 가장 중요한 데이터로 활용하고 있다.

우리의 눈은 '이안 반사식 카메라'

젊은 독자들은 본 적이 없을지도 모르지만, 옛날에는 렌즈가 두 개인 '이안 반사식 카메라'가 있었다. 두 개의 렌즈로 초점을 맞춰 사진을 찍는 카메라다. 마찬가지로 우리가 상품을 보는 눈도 가격과 품질을 모두 보는 이안 반사식 구조라고 할 수 있다. 다시 말해 다음과 같다.

- **품질이 낮아졌는데 가격이 그대로면 구매하지 않는다.**
- **품질이 높아지면 가격이 올라가도 구매한다.**

흔히 말하는 '싸게 잘 샀다'거나 '적당한 가격'은 가격보다 품질이 높다는 뜻이다. 이 이안 반사식 구조는 상품을 공급하는 측인 판매자에게 매우 부담스럽다. 수요 측인 구매자가 품질과 상품 가치를 바라보는 눈은 날카롭다. 품질과 상품 가치가 가격에 합당해야 한다. 그뿐 아니라 구매자의 눈은 항상 움직인다. 수요의 변동에는 매우 격렬한 부분이 있다. 판매자는 그 변동을 반드시 따라가야만 한다. 이것은 구매자 한 사람 한 사람의 이야기이기만 한 것이 아니다. 경제 전체에서도 수요의 감소를 따라가지 못하고 공급 과다가 되는 것이 불황이고, 반대로 수요가 있음에도 공급이 부족할 때는 호황으로 이어진다. 우리의 이안 반사식 기준에 대응하는 일은 공급자에게는 상당한 난관임을 알 수 있다.

예를 들어 채소와 과일의 품질을 결정하는 요소는 뭐니 뭐니 해도 '신선도'다. 신선도는 하루만 지나도 떨어진다. 신선

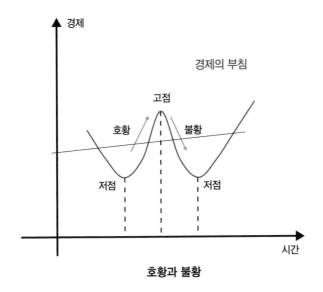

경제의 부침

호황과 불황

도가 떨어졌을 때 그 점이 가격에 반영되지 않으면 구매자는 사지 않는다.

또 채소와 과일에는 '제철'이라는 시기가 있다. 제철에는 수요가 급증하는데, 제철이 조금이라도 지나면 가격을 내려도 팔리지 않는다. 이처럼 가격과 상품 가치를 모두 확인하는 수요자의 이안 반사식 눈은, 공급자 입장에서는 확실히 까다로운 대상이다. 우리의 이안 반사식 눈에 공급자가 초점을 잘 맞추면 그때는 양쪽 모두 이득을 보는 관계가 된다.

사람마다 가격을 보는 시각이 다르다

그러나 가격은 간단한 요소가 아니다. 우리 한 사람 한 사람의 지갑 사정과 생활방식에 따라 가격에 대한 시각도 달라진다. 예를 들어 10,000원은 사회인에게는 그다지 비싼 느낌이 들지 않을 수 있지만, 하루 10,000원으로 생활하는 학생들에게는 결코 저렴한 가격이 아니다. 판매자는 어떤 소비자에게 그 가격을 보여 줄 것인지 판단해야 한다.

또 한 가지, 우리는 가격을 보고 그 상품에 그만한 가치가 있는지 살펴보지만 그것은 쉽지 않은 일이다. 애초에 가치란 무엇일까? 사실 여기서 구매자는 판매자만큼 그 상품에 잘 알지 못한다는 문제점이 드러난다.

중고 의류 시장을 생각해 보자. 중고 의류는 소유자가 입기를 그만두고 중고 옷가게에 가져가서 파는 것이다. 그러나 정말로 좋은 옷, 상품 가치가 있는 옷이라면 과연 팔기 위해 내놓을까? 그러므로 중고 가게에서 파는 옷에는 그다지 상품 가치가 없을 것이라고 생각할 수 있다. 그렇다면 중고 옷가게에 한 번쯤 옷을 내놓아 보려고 생각했던 사람도, 그다지 좋은 가격을 받을 수 없으므로 그만둘 수 있다. 사람들이 이렇게 생각하는 가운데 중고 옷가게가 존재한다는 사실 자체가 대단하기도 하다.

중고 옷가게의 주된 고객층은 학생들이다. 학생들은 한정된 예산 내에서 만족할 수 있는 상품을 찾으려고 한다. 중고 옷을 잘 소화하는 것도 패션이니, 자신만이 그 중고 옷의 가치를 발견할 수 있다면, 가령 '이 중고 옷은 10,000원을 지불할 가치가 있다'라고 생각할 수 있다.

가격은 그 상품의 가치라는 정보를 올바르게 전달할 수 있다. 또 그 정보를 통해 구매자와 판매자의 동기를 확실하게 자극할 수 있다. 이처럼 가격의 역할은 경제에 매우 중요하다.

가격은 경제의 '키 플레이어'

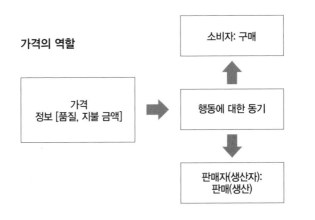

이 장의 마지막에서는 가격이 우리의 생활 속에서 수행하는 역할을 정리해 보겠다. 우선 우리가 상품을 고를 때 가격은 그 판단에 필요한 정보를 제공한다. 그중 하나는 지불할 금액이 얼마나 필요한가에 대한 정보다. 그리고 가격은 그 상품에 돈을 지불할 가치가 있는가에 대한 단서이기도 하다. 높은 가격이라면 판매자가 품질에 자신이 있음을 알 수 있고, 그만큼의 가치가 있다면 거기에 걸맞은 지불 금액이 필요하다는 뜻도 된다.

또 다른 역할은 우리가 그 상품을 사거나 사지 않도록 구체적인 행동을 촉진하는 것이다. 지불 금액이 예산 범위 내에 있고 가격이 상품의 가치에 걸맞다면, 구매한다는 결정을 내릴 수 있다. 가격은 행동에 필요한 '구매 동기'를 만들어 주는 것이다. 가격이 너무 비싸다고 생각하면 구매량을 줄이거나 다른 상품으로 대체할 수도 있다. 이러한 구매자의 행동을 보고, 판매자도 판매량을 늘리기 위해 더 많은 상품을 내놓거나 가격을 내리는 등 구체적인 행동을 결정할 수 있다. 상품이 부족하면 생산자에게서 추가로 구입한다.

이렇게 가격을 보면서 소비자, 판매자, 생산자 모두가 다음 행동을 결정할 수 있다. 그리고 가격도 판매자와 구매자 모두에게 딱 좋은 수준을 향해 움직인다.

이 장에서 배운 경제학 요점

①소비자는 판매자만큼 상품의 품질과 가치에 대한 정보를 많이 알지 못한다.

②상품을 고를 때는 그 상품이 자신의 필요성을 충족하는지, 자신을 만족시키는지, 가격을 지불할 수 있는지 판단한다.

③그 판단의 열쇠를 쥔 것이 가격이다. 가격은 그 상품을 예산 범위 내에서 구매할 수 있는지, 그 금액을 지불할 만큼의 가치가 있는지에 대한 정보를 전달한다.

④이 가격에서 얼마나 많은 양을 구매할 수 있는지는 판매자와 구매자 모두에게 중요한 정보다.

⑤가격과 수량의 관계는 수요곡선이라는 형태로 나타낸다. 수요곡선의 형태와 위치는 상품과 시기에 따라 달라진다.

⑥가격은 구매자와 판매자 모두에게 정보를 제공하고 사고파는 행동을 촉진한다.

배운 내용 실천하기

소비자로서 물건을 살 때 어떤 생각을 하며 상품을 선택해야 할까? 또 가격을 보고 무엇을 판단해야 할까?

권장하는 습관

가격을 보는 눈을 기른다(제6장 참고). 그러기 위해서 가격이 비싸
도 잘 팔리는 상품은 왜 그런지 생각해 보자. 품질을 판단하는 눈
도 길러질 것이다.

. . . .

이 장의 경제학 용어

정보의 비대칭성: 쌍방이 가진 정보가 동등하지 않은 것

소비자: 자기 자신을 위해 물건을 구입하는 사람

※유의어: 구매자, 고객, 사용자, 구매 고객

생산자: 대량으로 농산물 또는 제품을 재배 또는 제조하는 기업
또는 사람

선호: 소비자가(다른 상품보다) 원하는 것

욕구: 강하게 원하는 마음

비용: 상품을 구입하거나, 무언가를 하거나 만드는 데에 필요한
화폐의 양

기회비용: 무언가를 했을 때 희생한 것

상품: 경제활동에서 생산, 유통, 교환되는 물건과 재료

수요(어떤 상품을 사고자 하는 것)**:** 단순히 사람들이 원하는 양이 아니
라, 현실의 구매력이 뒷받침되어 사람들이 물건과 서비스를 구입

하고자 하는 양

공급(어떤 상품을 팔고자 하는 것): 판매를 위해 상품을 시장에 내놓는 것

소비재: (거의 상품과 똑같음) 생산되는 것 중에서도 소비를 목적으로 가정에 판매하는 물건과 서비스

대수법칙: 대량의 데이터를 평균화하면 다양한 상황의 변화도 전체 경향에 흡수되는 현상

제 2 장

경제의
이모저모는
가격이 조정한다

이 책을 위한 예비지식은 단 하나, 중학교 사회 시간에 배운 '가격 메커니즘' 뿐이다. 자신이 없다면 본론으로 들어가기 전에 이 장에서 그 요점을 복습해 두자.

전제: 시장경제란 무엇일까

우리 사회는 흔히 시장경제라고 말한다. 그런데 '시장경제'란 과연 무엇일까? 간단히 말하면 '필요한 것을 거의 사고 파는 사회'라는 뜻이다. 그래서 가령 무인도에서 무엇이든 스스로 만들어서 먹고 쓴다면 시장경제라고 할 수 없다.

우리가 무언가를 사서 가질 수 있을 때 거기에는 반드시 사고팔기의 장, 즉 '시장'이 있다. 우리는 채소든, 휘발유든, 간식이든, 무엇이든 시장을 통해 산다. 또 기업도 물건을 사 주는 사람이 있기에 시장을 통해 물건을 판다. 도시락을 직접 만들지 않고 가게에서 사는 것을 당연하게 여기는 사람들이 많은데, 이것이야말로 우리가 시장경제의 한가운데에서 살아가고 있다는 증거다.

매매에서는 '가격'과 '수량'이 문제

또 당연하지만 매매란 '어느 가격에 얼마나 많은 양을 사고팔지'의 문제다. 예를 들어 축제 때 노점에서 닭꼬치를 한 개에 4,000원, 두 개에 7,000원으로 바가지를 씌워서 팔면 그 가격과 양이 문제가 될 수밖에 없다.

'사고팔기'가 가격에 따라 어떻게 움직이느냐가 경제학의 중심 주제다. 경제학에서는 '사는 행위'를 '사려는 의욕이 있는 것'이라고 생각해서 '수요'라고 부른다. 예를 들어 편의점에서 음료수를 사고자 한다면 '음료수에 대한 수요'가 있다고 한다. 1,000원의 가격에 100병의 수요가 있다면 음료수의 수요량이 100병이라고 표현한다. 그러나 가격을 900원으로 낮추면 수요량은 150병이 될 수도 있다. 수요량은 가격에 따라 달라지기 때문이다.

한편 '파는 행위'는 '상품을 시장에 내놓는 것'이며 '공급'이라고 부른다. 편의점 입장에서 보면 음료수는 1,000원의 가격에서 공급량이 100병이다. 가격이 900원이라면 공급량은 150병이 될 수도 있지만 그것은 공급자의 생각에 달려 있다. 공급량도 가격에 따라 달라진다.

'가격 메커니즘' - 가격이 움직이면 수량도 움직인다

그러면 가격에 따라 수요량과 공급량은 어떤 영향을 받을까? 여기서부터 '가격 메커니즘'이 시작된다. 가격의 변동으로 수요량과 공급량이 조정되는 시스템이 작동하기 시작하는 것이다. 이 수요량, 공급량과 가격의 관계에는 기본적으로 다음과 같은 단순한 원칙이 있다.

① 가격이 오르면 수요량은 감소한다. 반대로 공급량은 증가한다.
② 가격이 내리면 수요량은 증가한다. 반대로 공급량은 감소한다.

직관적으로 생각해도 소비자로서는 값이 오르면 사기 싫어지고, 값이 내리면 더 많이 사고 싶어진다. 그러나 판매자는 어떻게 생각할까? 다음 장에서 살펴볼 부분이지만 판매자는 다양한 비용을 지출한다. 그래서 가격은 비싼 것이 좋다. 그만큼 수입을 확보할 수 있기 때문이다. 그러므로 가격이 오르면 공급량이 늘고, 가격이 내려가면 비용을 회수하지 못할 가능성이 커지므로 공급량이 감소하게 된다.

시장의 가격 메커니즘에 대해서는 제4장에서 자세히 설명할 것이다. 여기서는 채소와 생선 등을 취급하는 도매시장

경매사

에서 몸짓과 손짓으로 매매를 중개하는 경매사를 생각해 보자. 보통 시장에서는 이렇게 가격을 조절하는 사람이 명확히 존재한다는 보장은 없다. 그러나 '가격 메커니즘'을 '경매사의 역할'에 대입하면 상상하기가 더 쉬울 것이다.

경매사는 생산자에게 위탁받은(또는 매수한) 농수산물을, 시장에 모인 구매자들(소매상)에게 다양한 가격을 제시해서 판매한다. 점점 가격을 높이다 보면 손을 드는 구매자가 줄어들고, 마지막 한 명이 남았을 때 그 가격으로 낙찰시킨다.

경매에서는 '가격 메커니즘'이 작동한다

경매 자체는 순간적인 활동이지만 그 과정을 들여다보면

판매와 구매 중 무엇이 더 많을까?
문제는 가격에 따라 그 관계가 변한다는 것

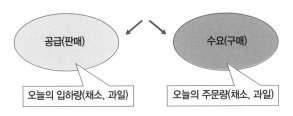

경매사의 머릿속

낮은 가격일 때의 수요와 공급

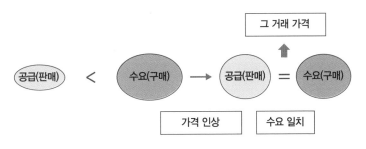

수요와 공급의 일치

경제의 이모저모는 가격이 조정한다

'가격 메커니즘'이 작동하고 있음이 눈에 보이므로 이해하기가 쉽다. 경매를 진행하는 경매사의 머릿속에서 일어나는 일을 순서대로 따라가 보자.

경매사는 당일의 입하량(공급량)을 모두 팔아야 하므로, 오늘 주문량(수요량)이 얼마인지 파악해야 한다. 공급(판매)과 수요(구매) 중 무엇이 더 클까? 대체로 가격이 저렴할 때는 구매(수요량)가 더 많아진다.

그러나 그 경우 수요량을 충족할 만큼의 공급량을 확보하기 어려워진다. 여기서 가격을 조금 올리면 수요량이 줄어든다. 공급량과 수요량이 일치하고 구매자가 한 명이 되었을 때 경매는 끝난다. 그날 입하된 채소는 그 가격에서 그 구매자에게 낙찰된다.

이처럼 가격을 움직임으로써 수요와 공급이 일치하도록 조정하는 일이 곧 '가격 메커니즘'이다.

가격 메커니즘은 그래프로 나타낼 수 있다

그러나 가격 메커니즘은 보통 이렇게 설명하지 않는다. 고등학교 사회 과목과 대학교에서는 다음과 같이 수요곡선과 공급곡선의 그래프로 설명하므로, 이 그래프에 익숙해질 필

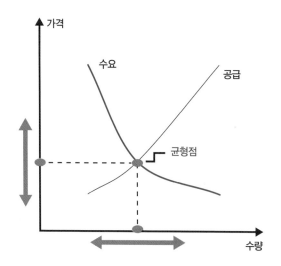

가격이 수요(구매)와 공급(판매)을 조정해서
거래량과 거래 가격을 결정한다.

'가격 메커니즘'이라는 '시스템'

요가 있다.

이 그래프에서는 세로축이 가격, 가로축이 수량이다. 가격과 수량의 관계를 나타낸 그래프인 것이다. 우하향 곡선은 수요곡선이며, 가격이 올라가면 수요량이 점점 줄어드는 현상을 나타낸다. 반면 우상향 곡선은 공급곡선이며, 가격이 올라가면 공급량이 점점 늘어나는 현상을 나타낸다. 가격 메커니즘을 논할 때는 반드시 나오는 그래프다.

그러나 이러한 그래프에 익숙하지 않은 사람에게는 의문점이 많을 것이다. 하나는 왜 이차원 그래프이며 왜 세로축이 가격, 가로축이 수량인가 하는 것이다. 또 하나는 수요라는 이름이 붙은 곡선은 애초에 어떤 의미가 있고, 왜 우하향인가 하는 것이다. 반대로 공급이라는 이름이 붙은 곡선은 어떤 의미이고 왜 우상향인가. 한가운데에 있는 '균형점'은 대체 무슨 뜻일까. 이 부분들을 이해하지 못하면 이 그래프도 분명 이해할 수 없을 것이다. 이 의문들을 해소하면 이 가격 메커니즘 그래프의 의미를 확실히 이해할 수 있다.

우선 첫 의문, 왜 이차원이며 세로는 가격이고 가로는 수량일까? 경제학에서는 흔히 두 데이터의 관계를 이처럼 이차원으로 나타낸다. 이 경우는 가격이라는 데이터와 수량이라는 데이터의 관계다. 우리가 물건을 살 때 가격이 낮으면 많이 구입하고, 반대로 가격이 높으면 구입을 피한다. 반대로 판매자는 가격이 높으면 많이 팔고자 하고, 가격이 낮으면 그다지 팔고 싶어 하지 않는다. 이처럼 가격 수준과 사고자 하는 수량 및 팔고자 하는 수량 사이에는 뚜렷한 관계가 있다. 이 이차원 그래프는 그 관계를 구체적으로 보여 준다.

다음으로 수요라는 이름이 붙은 곡선은 애초에 어떤 의미가 있으며 왜 우하향일까? 이 수요곡선은 다양한 가격에 따

라 사람들이 구매하고자 하는 양이 어떻게 달라지는지 나타
낸다. 예를 들어 다음 그래프의 A 지점을 보자. A 지점에서
왼쪽으로 직선을 그어 가격을 나타내는 세로축과 만나게 하
면 1,000원이 A 지점의 가격이고, 세로로 선을 그어 수량을
나타내는 가로축과 만나게 하면 500개가 A 지점의 수량이
다. 수요곡선의 A 지점은 1,000원이라는 가격에서 사람들이
500개를 구매함을 나타낸다. 또 수요곡선을 따라 C 지점까
지 움직여 보면 C 지점에서는 400원이라는 가격에 사람들이
1,500개를 구매하고 있다. 이처럼 수요는 가격이 내려가면
증가하며, 지점들은 점점 오른쪽 아래를 향한다.

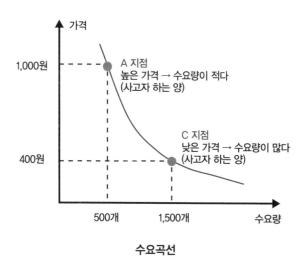

수요곡선

또 무수히 많은 가격에 따라서 구매하고자 하는 양이 달라지므로, 그 무수히 많은 점을 연결하면 곡선이 된다. 수요곡선이 나타내는 수요의 성질은 이처럼 '가격이 올라가면 수요량이 줄어든다', '가격이 내려가면 수요량이 늘어난다'이다. 따라서 수요곡선은 우하향이 된다.

다음으로 공급이라는 이름이 붙은 곡선은 어떤 의미가 있으며 왜 우상향일까? 이 곡선은 다양한 가격에서 판매자가 팔고자 하는 양이 어떻게 움직이는지 나타낸다. 가령 다음 그래프의 D 지점을 보자. D 지점에서 왼쪽으로 직선을 그어 가격을 나타내는 세로축과 만나게 하면 1,500원이 D 지점의 가격이고, 세로로 직선을 그어 수량을 나타내는 가로축과 만나게 하면 700개가 D 지점의 수량이다. 즉 공급곡선의 D 지점은 1,500원이라는 가격에서 사람들이 700개를 판매함을 나타낸다. 또 공급곡선을 따라 F 지점까지 움직여 보면 F 지점에서는 2,000원이라는 가격에서 사람들이 2,000개를 팔고 있다. 이처럼 공급은 가격이 올라가면 증가하며, 지점들은 점점 오른쪽 위를 향한다.

또 무수히 많은 가격에 따라서 팔고자 하는 양이 달라지므로, 그 무수히 많은 점을 연결하면 곡선이 된다. 공급곡선이 나타내는 공급의 성질은 이처럼 '가격이 올라가면 공급량은

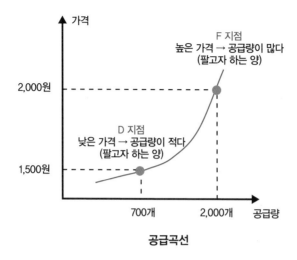

공급곡선

늘어난다', '가격이 내려가면 공급량은 줄어든다'이다. 따라서 공급곡선은 우상향이 된다.

다음 그래프에서는 수요곡선과 공급곡선이 교차하는 E 지점이 '균형점'이다. 이 E 지점은 어떤 의미가 있을까? 이 균형점에서는 수요 측이 원하는 가격 및 수량과 공급 측이 원하는 가격 및 수량이 일치한다. 따라서 실제 가격이 E 지점보다 높거나 낮아도, 가격을 E 지점으로 옮기면 팔리지 않고 남는 상품이 없어져서 사는 쪽에나 파는 쪽에나 모두 효율적인 상황을 이끌어 낼 수 있다. 어느 가격에서든 오른쪽으로 선을 그으면 그 가격에서 사람들이 사고자 하는 양과 팔고자

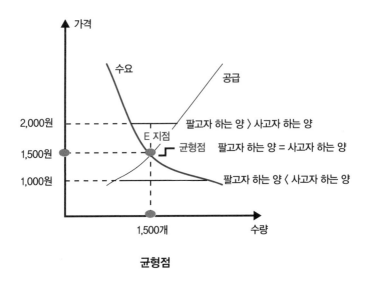

균형점

하는 양을 알 수 있다.

　가격이 E 지점보다 높으면 팔고자 하는 양이 사고자 하는 양보다 많아서 상품이 다 팔리지 않는다. 반대로 가격이 E 지점보다 낮으면 사고자 하는 양이 팔고자 하는 양보다 많아지므로 상품을 사지 못하는 사람들이 나온다. 이처럼 어떤 가격에서 팔고자 하는 양과 사고자 하는 양이 일치하지 않을 경우, 시장의 시스템은 경매와 같이 가격을 움직여 두 수량이 일치하는 가격에서 거래가 확정되도록 한다.

　이처럼 두 곡선이 교차하는 지점이 '균형점'이고 그때의 가격은 '균형가격', 그때의 거래량은 '균형 거래량'이라고 한다. 그곳이 경매로 균형가격과 거래량이 결정된 지점인 것이다. 이것이 그래프로 설명한 가격 메커니즘이다.

이 가격 메커니즘 그래프는 다양한 경제 문제를 생각할 때 아주 유용하다. 꼭 익숙해지기를 바란다. 나중에 제4장에서 시장의 가격 결정을 다룰 때도 다시 등장할 것이다. 고등학교의 사회 과목과 대학교의 경제학에서도 가격 메커니즘의 여러 응용을 배운다.

다음 장부터 드디어 가격 형성의 '긴 여행'이 시작된다. 즐겁게 읽어 주기를 바란다.

제 3 장

투입한 생산비용을 회수할 수 있을까?

가격 여행의 첫 무대는 생산자인 농가의 현장이다. 과일을 예로 들어 어떤 재배 과정을 거치는지, 그 과정에서 어떤 비용이 드는지, 농가라는 생산자가 그 비용을 회수할 만큼의 가격(출하가격)으로 과일을 출하할 수 있는지, 여러 측면을 살펴보겠다.

이 장에서는 상품을 공급하는 생산자가 상품을 어떻게 생산하는지, 생산량과 가격을 어떻게 판단하는지 배울 것이다.

상품을 생산한다는 것은 무엇일까?

상품을 생산한다는 것을 딸기로 예를 들자면 다음과 같은 순서로 진행된다. 우선 땅에 딸기를 재배할 비닐하우스를 짓는다. 딸기 모종을 심고, 비료를 주고, 병충해를 막기 위해 농약을 뿌리고 매일 딸기가 잘 자라는지 확인한다. 수확 시기를 맞이하면 한 알 한 알 상태를 살피며 수확하고 검사한 후 출하를 위해 포장한다.

이처럼 상품의 생산이란 처음에는 땅과 비닐하우스를 준비하고, 재배 단계에서는 모종, 물, 비료 등의 원자재를 준비한 후 일손과 기계를 이용해 길러내고, 최종적으로는 출하할 수 있는 상품으로 만들어 내는 일이다.

상품은 공짜로 생산할 수 없다

그런데 문제는 모든 일에 돈이 든다는 점이다. 땅이 없으면 땅을 사야 하고 비닐하우스도 지어야 한다. 설비가 끝나면 모종, 비료, 농약을 구매한다. 재배 중인 작물을 관리하고 수확할 때 일손을 빌리게 되면 인건비를 지불하고, 기계가 필요하면 돈을 내서 구매하거나 대여해야 한다. 수도세와 전기세도 지급해야 한다. 이처럼 공급(이 경우에는 재배)에 드는 돈을 '비용'이라고 한다.

또 한 가지 문제는 그 비용을 지급할 방법이다. 지급할 돈을 어떻게 준비할까? ①지금까지 저축한 돈을 꺼내 쓴다. ②상품을 팔아서 얻은 수입으로 지급한다. ③빚을 내서 지급한다. 이렇게 여러 방법을 생각할 수 있다. 그러나 ②의 수입은 아직 발생하지 않은 단계이고, ③의 빚도 나중에 부담이 될 것이므로 피하는 것이 좋다. 그렇다면 ①과 같이 자신이 저축해 놓은 돈으로 지급하는 것이 좋다는 결론이 나온다.

그러면 이 저축이란 무엇일까? 저축은 그전까지 몇 년에 걸쳐 재배와 출하로 얻은 이익이 축적된 것이다. 가령 작년에 5,000만 원의 이익이 발생했다면 그 이익을 저축으로 보존해 두고 올해의 비용으로 쓰는 것이다.

이익이 없으면 다음 해에 문제가 생긴다

딸기 재배와 같이 상품을 공급하는 일은 앞으로 계속할 것이라는 계획 아래 실시하는 것이다. 그렇다면 상품을 계속 공급하기 위해서는 반드시 이익이 계속 발생해야만 한다. 또 농가와 같은 경우는 생활을 위한 비용도 든다. 따라서 다음 해에 이러한 비용들을 지급할 수 있도록 수익을 올릴 필요가 있다.

수입	수익
	생활비 + 재배 비용

이익이란?

여기서 이익이란 상품을 팔아 얻은 수입에서 비용을 뺀 것이다. 이 정의에서 알 수 있는 것은 비용보다 많은 수입이 없으면 이익이 발생하지 않는다는 것이다. 비용은 재배를 시작해서 출하할 때까지 드는 돈이므로 비용의 총액은 미리 알 수 있다. 따라서 이 단계에서 그 명확한 비용 총액을 충당하고 이익을 올리기 위해서 얼마나 많은 수입이 필요한지가 확실해진다.

가령 딸기의 재배 비용이 한 팩에 2,000원, 한 팩을 생산하는 동안 필요한 생활비도 마찬가지로 2,000원이라고 한다면 가격은 얼마여야 할까?

① 5,000원

② 6,000원

③ 8,000원

정답은 ③8,000원이다. 계산식은 다음과 같다.

이번 연도에 지급할 비용

= 재배 비용 2,000원 + 생활비 2,000원

내년에 필요한 비용

= 재배 비용 2,000원 + 생활비 2,000원

내년의 비용을 이익으로 충당할 경우 이익은 4,000원이 필요하다.

내년 이후에도 딸기를 계속 생산하기 위해서는 올해 수입에서 이익을 얻고, 그 이익으로 내년의 생산 비용을 충당해야 한다. 그러므로 올해의 이익은 내년의 비용을 넘는 금액

이 되어야 한다. 따라서 (올해에 필요한) 수입은,

이익(4,000원) + 비용(4,000원) = 8,000원

여기서 딸기가 한 팩에 8,000원이어야 함을 알 수 있다. 이것이 목표로 삼을 판매 금액이다.

수입이 부족하면 손실이 발생한다

수입, 비용, 이익의 관계를 그래프로 확인해 보자. 이 그래프는 앞으로 자주 나올 것이므로 읽는 방법을 설명해 두겠

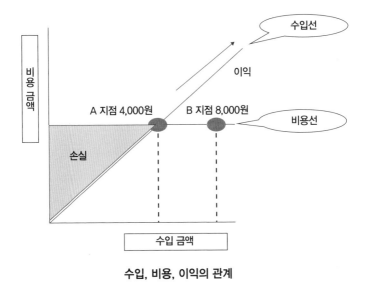

수입, 비용, 이익의 관계

다. 이미 알고 있다면 건너뛰어도 좋다.

세로축은 '비용 금액'이다. 위쪽으로 갈수록 금액이 커진다. 한편 가로축은 '수입 금액'이다. 오른쪽으로 갈수록 금액이 커진다. 또 수입선 위에 있는 점은, 왼쪽으로 직선을 그어이 직선이 세로축과 만나는 지점의 '비용 금액'과, 아래쪽으로 직선을 그어 이 직선이 가로축과 만나는 지점의 '수입 금액'의 조합이다.

이 그래프에서는 A 지점의 비용이 4,000원, 수입도 4,000원이다. 비용과 수입이 동등한 지점임을 알 수 있다. 여기서는 비용이 수입과 무관하고 계속 같은 금액이 든다고, 다시말해 비용 금액이 고정되어 있다고 하겠다(실제로는 수입 금액이 증가함에 따라 함께 증가하는 비용도 있다). 또 수입 금액은 공급량을 늘림으로써 오른쪽으로 가면 갈수록 증가한다.

이 그래프의 핵심은 A 지점의 4,000원보다 왼쪽으로 가면수입이 고정비용보다 적기 때문에 이익이 아니라 손실이 발생하고, 반대로 오른쪽으로 가면 수입이 비용보다 커져서 이익이 발생하는 상황을 나타낸다는 데에 있다.

나아가 다음 해에 들 비용을 생각하고 그것을 충당할 충분한 이익을 올리기 위해서는 B 지점의 8,000원 이상에 해당하는 수입 금액이 필요함을 알 수 있다.

상품이 팔리지 않는 것이 가장 큰 문제

이렇게 보면 상품이 기대만큼 팔리지 않는 일이 생산자에게 가장 큰 문제임을 알 수 있다. 팔리지 않으면 충분한 수입이 발생하지 않아, 사전에 든 비용을 지급할 수 없다. 이익은커녕 큰 손실을 보게 되는 것이다. 게다가 딸기의 경우 첫 모종을 심는 것은 수확 1년 전이다. 딸기가 가게에 나오기까지 1년이 걸리며, 최종적으로 그 딸기가 팔릴지 아닐지도 알 수 없다. 재배한 딸기의 앞날은 아직 불투명하다.

제1장에서는 이처럼 앞으로 어떻게 될지 모르는 일을 '불확실성', 앞으로 손해를 볼 수도 있는 위험성을 '리스크'라고 불렀다. 생산자는 매일 이러한 불확실성과 리스크를 극복해야 하는 어려운 일을 하고 있는 것이다. 그런데 생산자에게 이처럼 난감한 불확실성과 리스크를 안기고 있는 것은 다름 아닌 우리 소비자다.

소비자가 리스크를 만든다

우리가 특별한 뜻 없이 실시하는 소비 행동이 어떤 불확실성과 리스크를 낳는 것일까? 앞에서와 마찬가지로 딸기를 예로 들면, 1년 동안 재배하고 출하한 후 가게에 진열되는 시간은 완전히 익은 2, 3일간에 불과하다. 불확실한 미래를 위해 생산하는 것이다. 그리고 그 짧은 시간 동안 모두 팔릴지는 알 수 없다. 우리는 그 딸기에 대해서 '산다', '사지 않는다', '아무 결정도 내리지 않는다'는 세 가지 태도를 취한다.

첫 번째로 '산다'의 경우. 아무 문제가 없어 보이지만 반드시 그렇지만도 않다. 전부 사지 않아서 딸기가 남을 경우, 충분한 판매 수입을 올리지 못할 리스크가 있다. 다 팔린다고 해도 생각했던 가격에 팔리지 않을 리스크가 있다. 상품이 남을 경우 그만큼 불필요한 생산을 한 것이 된다. 반대로 상품이 부족할 경우, 모처럼 수입을 늘릴 기회를 눈앞에서 놓치는 것이 된다.

두 번째로 '사지 않는다'의 경우. 당연하게도 필요한 수입을 얻지 못할 큰 리스크로 이어진다. 그 1년 동안 소비자의 취향과 기호가 달라지거나, 경제 상황이 달라져서 불황이 찾아와 상품이 팔리지 않게 될 리스크가 항상 존재한다.

세 번째로 '살지 말지 잘 모르겠다'는 애매한 태도도 생산자의 입장에서는 문제다. 가령 제철이 이제 막 시작되어 아직 수요가 적을 때는 시장에 상품을 내놓아도 될지 불확실한 상황이 된다. 그러나 생산자는 앞날이 불확실해도 생산을 멈출 수 없다.

이처럼 소비자와 관련된 리스크 외에도, 다른 생산자 또는 가게와의 경쟁, 재배 도중 태풍과 같은 자연재해가 닥칠 리스크도 따라다닌다. 생산자는 온갖 종류의 다양한 리스크와 불확실성에 둘러싸여 있다.

가격도 마음대로 정할 수 없다

불확실성과 리스크가 많은 이유는, 딸기를 팔아서 수입을 얻을 수 있는 시점이 생산을 시작하고 나서 1년 후이기 때문이다. 그 1년 동안 무슨 일이 일어날지 미리 다 파악할 수는 없다.

특히 문제인 것은 딸기의 생산과 재배 과정에서 모종값, 비료값, 전기요금, 수도요금, 재료비, 인건비 등 다양한 비용이 들며, 게다가 이 비용을 이미 지출한 상태라는 것이다. 딸기의 판매 가격에서 대체로 40% 정도가 생산에 든 비용, 즉 '원가'라고 한다.

이러한 비용을 미리 지급하는 이유는 물론 딸기를 판 후 수입이 들어올 것으로 예상하기 때문이다. 그러므로 예상한 수입을 얻기 위해서도 판매 가격은 결정적으로 중요함을 알 수 있다. 다음 식과 같이 판매 수량이 많아도 한 팩의 가격이 저렴하면 충분한 판매 수입을 얻을 수 없다. 반대로 한 팩의 가격이 비싸도 판매 수량이 적으면 마찬가지로 충분한 판매 수입을 얻을 수 없다.

한 팩의 가격 × 판매 수량 = 판매 수입

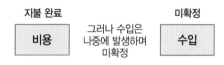

비용은 선불, 수입은 나중

단순하게 필요한 비용을 지불하고 충분한 이익이 발생하도록 가격을 매기면 되느냐 하면, 꼭 그렇지도 않다. 가령 태풍 때문에 큰 손해를 보는 등 예측하기 어려운 요인으로 생산을 하지 못하게 될 리스크도 고려해 손해가 커지지 않도록 가격을 결정해야 한다. 대개는 비용에 기대 이익을 더해서 가격을 결정한다.

그러나 이렇게 해서 생산자가 '마음대로' 매긴 가격에 상품이 팔린다는 보장은 없다. 무수히 많은 딸기 생산자가 딸기를 생산하는 가운데, 한 딸기 농가가 매긴 가격이 다른 곳보

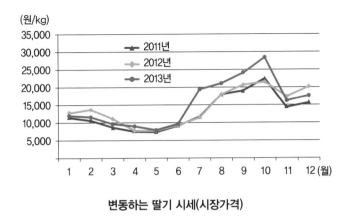

(원/kg)

- 2011년
- 2012년
- 2013년

변동하는 딸기 시세(시장가격)

다 너무 비싸면 당연히 팔리지 않게 된다.

개별 생산자는 마트 등에서 팔리는 수많은 딸기가 어느 정도의 가격에서 팔리고 있는지 보고, 그것을 전제로 자신의 가격을 정해야 한다. 이처럼 일반적으로 팔리는 가격을 '시세'라고 한다. 시세는 '시장가격'이라고도 하는데, 다음 장에서 자세히 설명할 것이다. 위의 그래프와 같이 시세는 항상 변동하며, 개별 생산자는 그 변동을 따라갈 수밖에 없다.

다시 말해 가격을 매기기 위해서는 지출된 비용을 회수해서 이익을 얻어야 하며, 동시에 시장가격을 따라야 한다는 이중의 제약이 있다. 게다가 그 시장가격도 고정되어 있지 않고 매일 변동한다. 시장가격의 변동에 따라서는 예상했던 가격에 도달하지 못해서 최종적으로 비용을 회수할 수 있는 수입을 올리지 못할 '리스크'도 존재한다.

이익을 키우는 방법

생산량을 어떻게 결정할 것인가

한편 그런 조건 아래에서 생산량은 어떻게 결정될까? 여기서도 생산자는 두 가지가 양립할 수 있도록 생산량을 결정한다. 하나는 가능한 한 많은 이익을 얻는 것이다. 다른 하나는 넘치지도 않고 모자라지도 않게 상품이 모두 팔리도록 하는 것이다.

첫 번째 요소를 생각해 보자. 우선 가지고 있는 자원, 농가의 경우는 땅과 설비를 이용해서 가능한 한 많은 이익을 얻을 수 있는 생산량을 달성할 필요가 있다. 조금 어려운 말이지만 손익분기점이라는 개념이 있다. 이것은 소요된 비용을 전제로 생각할 때 수입이 얼마나 많아야 이익이 발생하는지 알기 위해 수입과 비용이 똑같아서 수익과 손실의 분기점이 되는 지점이다. 이 '손익분기점'은 정확하게는 다음과 같은

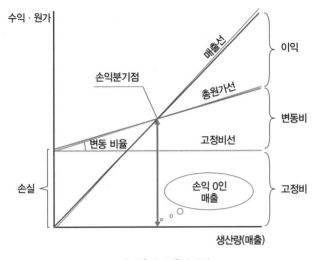

손익(이 0인)분기점

그래프로 설명할 수 있다. 경제학 서적을 처음 읽는 독자에게는 어려울 수 있으므로 건너뛰어도 좋다.

앞에서 본 '수입, 비용, 이익의 관계' 그래프와 다른 점은 비용이 고정적으로 지출되는 비용과 변동하는 비용으로 나뉘어 있다는 점이다. 현실의 비용은 이처럼 고정비와 변동비로 나뉜다.

이 그래프에서는 세로축이 비용, 가로축이 매출(생산량)이다. 세로축의 비용을 보면 고정비라고 되어 있는데, 이것은 비닐하우스 설비와 같이 생산량과 무관하게 지출되는 비용이다. 그래서 가로축에 평행한 선으로 되어 있다. 비닐하우스는 한 번 만들면 매년 쓸 수 있지만 비용은 매년 계산된다. 예를 들어 2,000만 원을 들여 지은 비닐하우스는 그 후 10년 동안 매년 200만 원씩 비용으로 계산된다.

한편 생산량이 늘어날 때 함께 늘어나는 비료값과 인건비 (일손을 빌리는 데에 드는 돈) 등은 변동비라고 하며, 그래프와 같이 비스듬하게 위를 향하며 증가한다. 비용은 고정비와 변동비를 더한 것이며, 변동비가 늘어나는 만큼 매출도 증가하고 총비용도 증가한다.

매출을 나타내는 선은 45도 각도로 상승한다. 따라서 비용이 많고 매출이 적을 때는 손실이 발생하고, 매출이 늘어나면 이익이 발생한다. 그 매출선과 비용선이 교차하는 분기점이 그래프의 손익분기점 매출이다. 손익분기점에서는 매출과 비용이 같아진다.

이처럼 고정적으로 지출되는 고정비와 매출과 연동된 변동비를 알면 손실 대신 이익이 발생하는 수입의 분기점을 알 수 있다. 그 지점을 넘어 가능한 한 이익을 늘리는 일이 중요하다.

고정비	매출이나 생산량과 관계없이 일정하게 발생하는 비용. 매출이 0이어도 발생한다.	설비, 기계투자 등
변동비	매출과 생산량에 따라 발생하는 가변비용. 매출이 0일 때는 발생하지 않는다.	비료, 광열비 등

고정비와 변동비

이익을 최대한 높이는 것이 목표

수입과 비용이 동등해지는 지점을 찾아내서, 그 이상의 수입을 얻을 수 있도록 생산량을 결정하면 되는 것일까? 가능한 한 생산량을 많이 늘리면 이익도 거기에 연동되어 증가할까? 그렇게 간단한 이야기는 아니다.

딸기를 재배하는 비닐하우스의 크기, 재배에 필요한 일손도 생각해야 한다. 생산량을 어느 정도 이상으로 늘리면 비닐하우스를 증설하거나 일손을 늘려야만 한다. 그렇게 추가 비용을 들였을 때, 증설한 설비에서 나오는 수입보다 비용이 더 커지는 상황이 될 수도 있다. 결론부터 말하면 그렇게 되지 않는 아슬아슬한 지점까지 생산을 늘리고, 수입보다 비용이 많아지기 직전의 지점에서 생산량을 결정해야 한다.

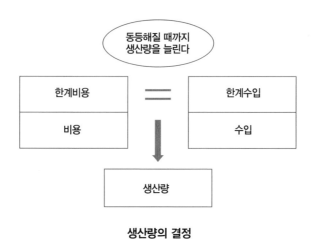

생산량의 결정

경제학에서는 그 새롭게 추가된 비용의 한 단위를 한계비용, 새로운 수입의 한 단위를 한계수입이라고 하며, 한계비용과 한계수입이 같아질 때까지 생산량을 늘리는 것이 이익을 최대화하는 방법이라고 한다.

'한계비용과 한계수입' 그래프는 그 상황을 나타내고 있는데, 이 부분도 어려우면 건너뛰어도 좋다.

매진을 원한다

또 한 가지 생산량을 결정할 때 염두에 두어야 할 것이 있다. 생산이 헛수고가 되지도 않고 부족하지도 않도록, 너무

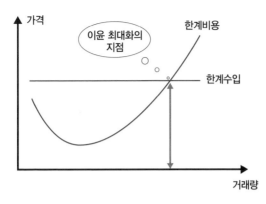

한계비용과 한계수입

많이 만들지도 않고 너무 적게 만들지도 않고, 모두 팔릴 만큼만 생산하는 것이다.

여기서 중요한 것은 앞에서 배운 부분, 즉 소비자가 어떤 가격에서 얼마나 구입하느냐 하는 수요의 움직임이다. 그 수요의 움직임에 맞춰 가격, 생산량, 출하량을 결정한다. 가격도 그 대상인 고객층이 구입하기 쉬운, 소위 '싸게 잘 샀다' 싶은 가격으로 설정할 필요가 있다. 가격은 고객층에 따라서도 달라진다. 우리가 상품을 원할 때 가게에 가면 대체로 상품이 적당한 가격에 진열되어 있는 것은 그 때문이다. 공급자, 판매자에게는 최종적으로 비용을 회수해서 이익을 확보하기 위한 생산량과 가격을 결정하는 것이 가장 중요하다.

그러나 가격과 판매량을 결정해도 그 조건에서 실제로 상품이 팔리지 않으면 본전도 건지지 못한다. 판매가 실현되지 않으면 이익은 그림의 떡으로 끝나는 것이다. 생산자가 겪는 어려움은 소비자가 겪는 어려움과 비교도 되지 않는다.

리스크가 적은 행동을 선택한다

가능한 한 수요의 움직임에 맞춘다

이처럼 생산자는 불확실한 미래와 수많은 리스크 속에서 상품을 팔고, 지출한 비용을 회수할 만큼의 수입을 확보해야 한다. 그런 어려운 환경 속에서 생산자는 리스크를 가능한 한 줄이는 방향으로 행동한다. 생산량이나 가격이 수요의 움직임과 동떨어지면 결과적으로 손실도 커질 위험이 있기 때문이다.

소비자의 수요에 어떻게 맞출 것인가

소비자가 사지 않으면 상품을 만들고 공급하는 의미가 없

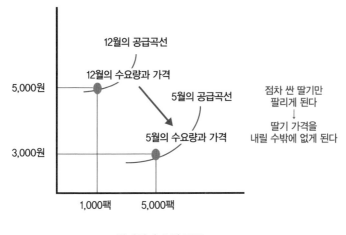

딸기의 수요와 공급

다. 여기서는 어지러운 수요의 움직임에 공급을 어떻게 맞출지 살펴보자.

딸기라는 계절성이 강한 상품은 크리스마스 전후를 정점으로 수요가 점점 감소한다. 그러면서 가격도 내려간다. 매년 이 현상이 반복된다. '딸기의 수요와 공급' 그래프에서 세로축은 딸기의 가격, 가로축은 판매량이다.

가령 크리스마스 즈음에는 비싼 딸기가 잘 팔려서 5,000원짜리가 1,000팩 팔린다. 한편 5월이 되면 수요와 인기 상품이 달라져서 저렴한 3,000원짜리가 5,000팩 팔린다. 그런데 왜 5월에는 가격이 그만큼 낮아질까? 5월의 시점에서는 가격을 낮춰서 팔지 않으면 그동안 재배한 딸기를 처리할 수 없기 때문이다. 계절성이 있는 딸기 같은 상품은 신선도를 반영하는 '제철'이 지나면 상품 가치가 크게 떨어지고 수요도 감소하므로 가격도 내려갈 수밖에 없다.

이 이야기는 앞의 그래프와 같이 가격과 공급량의 관계를 나타내는 공급곡선과, 마찬가지로 가격과 수요량의 관계를 나타내는 수요곡선의 조합으로 생각할 수 있다. 12월에는 고급 딸기가 가장 잘 팔리므로 생산자의 공급도 거기에 맞출 수밖에 없다. 한편 5월이 되면 수요가 줄어 수요곡선이 오른쪽으로 이동하고 값싼 딸기밖에 팔리지 않게 된다.

그렇게 되면 공급자도 그 움직임에 맞춰 값싼 딸기를 중심으로 생산할 수밖에 없다. 그리고 공급곡선은 오른쪽 아래로 이동한다. 이처럼 가격을 낮춰야만 팔리는 일을 '수요가 약해진다'고 한다. 수요가 약해지면 그 가격에 얼마를 공급할지 다시 생각해서 공급을 변화시킬 수밖에 없다. 그리고 12월이 되면 다시 수요가 강해져서 공급자도 거기에 맞춘다. 이러한 현상이 반복된다.

그러므로 수요가 강하고 매입량이 늘어날 때는 생산자도 마찬가지로 공급량을 늘리고 가격을 낮춤으로써 수요가 더욱 증가하도록 조정한다. 반대로 수요가 약하고 구입량이 줄어들 때는 공급량을 줄여 가고 가격도 낮춰서 수요의 움직임에 열심히 맞춘다.

결국 공급도 항상 움직이게 된다.

드디어 출하!

모르는 사람끼리 어떻게 상품을 사고 팔까?

지금까지 마치 소비자와 생산자가 마주 보고 상품을 사고파는 듯 썼지만, 현실에서 생산자는 직판장과 같은 경우를 제외하면 대개 소비자와 만날 일이 없다. 게다가 딸기는 도심과 멀찌감치 떨어진 생산지에서 재배되고 출하된다. 생산자도 어디에 사는 누가 딸기를 사 줄지 알지 못한다. 그런데 어떻게 수요와 공급, 가격과 구입량이 조정되는 것일까?

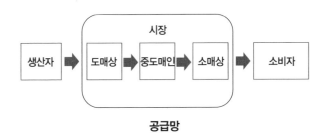

공급망

여기서 생산자는 꼭 소비자를 상대로 물건을 팔지는 않는다는 점을 주의해야 한다. 생산자가 일반적으로 상품을 판매하는 상대, 즉 구매자는 '도매상'이다. 도매상은 생산자와 소매상 사이에서 상품을 사고팔며 가격과 구입량을 조정하는 업자다. 생산자는 도매상에게 상품을 팔거나 판매를 위탁한다. 우리가 평소에 가는 마트나 가게 등의 소매상은 직접 도매상에서 상품을 사들이는 경우도 있지만, 일반적으로는 '중도매인'이라는, 소매상의 위탁을 받아 도매상에서 상품을 매입하는 업자를 이용한다.

딸기가 생산자에게서 우리 소비자에게 다다르기까지는 이러한 단계를 거치는 것이다. 생산자와 소비자 사이에는 양쪽을 연결하는 기업들이 존재한다. 이 시스템을 '공급망(공급자 측 여러 기업의 연결)' 또는 유통기구라고 한다.

우리가 신선식품을 먹을 수 있는 이유

이 시스템이 없으면 어떻게 될까? 예를 들어 먼 지역에서 재배되는 특정한 품종의 딸기를 먹고 싶을 때, 그 지역의 생산자에게 직접 연락해서 구매할 수밖에 없을 것이다. 일일이 그렇게 상품을 구매하려면 매우 수고스럽고 배송비도 많이 들 것이다.

이 시스템 덕분에 전국의 수없이 많은 생산자와 소비자가 마치 직접 마주 보고 있는 듯 딸기를 사고팔 수 있다. 많은 생산자는 전국 각지의 '도매시장'이라는, 도매상, 중도매인, 소매상이 모여들어 상품을 사고파는 장소로 상품을 보낸다. 도매상은 전국에서 집하된 딸기를 중도매인을 통해 소매상에 판매한다. 즉 도매상이 사이에 있는 덕분에 전국의 생산자와 소매상이 도매시장에 가기만 해도 상품을 출하하고 구매할 수 있는 시스템이 작동하는 것이다.

이처럼 딸기 생산자는 주변의 도매시장에 있는 도매상들에게 상품을 출하한다. 그 뒤에는 도매상을 통해 기대하는 가격과 공급량을 실현한다. 이 부분은 제4장에서 설명하겠다.

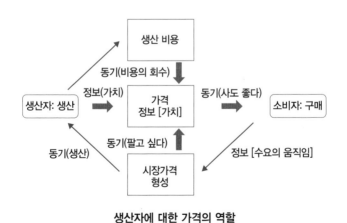

생산자에 대한 가격의 역할

가격은 생산자의 생명줄

마지막으로 생산자에게 가격은 어떤 역할을 하는지 정리해 보겠다.

가격은 생산자에게 생명줄이라고도 할 수 있다. 소비자에게는 그 상품의 상품 가치라는 정보를 전달하고, 구매 동기를 부여하는 역할을 한다. 동시에 상품을 생산하는 데에 든 비용을 회수해야 한다는 생산자의 동기도 반영한다.

가격을 보고 그 물건을 사도 좋겠다는 동기가 부여된 소비자가 실제로 그 상품을 구매함으로써 수요가 생겨난다. 판매량이 적으면 가격이 내려가서 수요를 창출하고, 최종적으로 판매와 구매가 일치하는 가격인 시장가격이 형성된다. 반대로 생산자는 그 시장가격을 보고 전체적인 수요의 움직임, 그 가격에서 예상되는 판매량을 파악해서 상품을 생산할 동기를 얻는다. 이처럼 생산자는 가격을 통해 소비자의 동기에 영향을 미치는 데에서 시작한다. 이것은 생산자 자신의 경영을 유지하며 다음 생산의 동기로 이어진다. 생산자에게 가격은 생명줄인 것이다.

이 장에서 배운 경영학의 요점

①생산에 필요한 원재료, 자재, 기계, 설비 등에 들어가는 돈을 '비용'이라고 한다.

②가격은 비용을 지불하고 이익을 얻을 수 있도록 설정할 필요가 있다. 그러나 동시에 시중의 상품 가격인 '시장가격'도 중시해야 한다.

③생산량을 결정할 때는 보유한 설비 등의 제약 속에서 가능한 한 많은 이익을 창출할 수 있고 수요에 걸맞은 양으로 정할 필요가 있다.

④공급자 측의 가격과 공급량 사이의 관계는 공급곡선으로 나타낸다.

배운 내용 실천하기

내가 생산자가 된다면 무엇을 생각하며 가격과 생산량을 결정해야 할까?

권장하는 습관

소비자가 수용할 만한 가격을 매겨 보자.

이 장의 경제학 용어

원재료: 물건을 만들 때 바탕이 되는 것

설비: 상품을 생산하는 건물에 갖춰진 것

기계: 상품을 생산하기 위해 움직이는 것

고정비: 매출과 무관하게 들어가는 비용

변동비: 매출이 증감할 때 함께 증감하는 비용

이익: 수입에서 비용을 뺀 부분

손실: 비용 중 수입을 뛰어넘는 부분

저축: 벌어들인 소득 중 소비하지 않은 부분

손익분기점: 수입과 비용이 일치하는 지점

공급법칙: 가격의 오르내림에 맞춰 공급량도 오르내림

시장: 무언가를 사고파는 장소(눈에 보이느냐 여부와 무관). 가격이 수요와 공급의 관계에 의존하는 경제 시스템.

시장가격: 시장에서 수요와 공급이 조화를 이룰 때의 가격

공급망: 소비자와 생산자 사이에 존재하는 기업들의 연결

제 4 장

가격은
어떻게
결정되는가?

드디어 출하된 농산물이 시장에 등장할 차례다. 시장에서는 생산자에게서 사들인(또는 위탁받은) 상품을 되파는 도매상과 그것을 구입하는 소매상 사이의 매매가 이루어진다. 경매를 통해 판매(공급)와 구매(수요)가 일치하도록 거래가격과 거래량이 결정된다. '가격 메커니즘'을 통해 '시장가격'이라는 가격이 탄생하는 순간이다.

이 장에서는 시장에서 가격이 어떻게 결정되는지, 거기에는 어떤 시스템과 메커니즘이 존재하는지 살펴볼 것이다. 1~4절에서는 실제 시장의 시스템과 구성에 대해, 5절에서는 그 시스템의 움직임에 대해 경제학을 활용해서 설명할 것이다. 6절에서는 특히 시장의 가격을 결정하는 경매라는 흥미로운 가격 메커니즘과 관련해서 구체적인 개념을 설명할 것이다. 즉, 시장을 중심으로 한 경제 메커니즘이 어떻게 움직이는지, 이것을 경제학으로 어떻게 설명할 수 있는지 배울 것이다.

현실의 시장은 어떤 시스템인가?

시장은 무언가를 사고파는 장소

시장이란 무언가를 사고파는 장소다. 무언가를 사고자 하는 사람과 팔고자 하는 사람이 있을 때 그것에 대한 시장이 존재한다고 말할 수 있다. 한 사람이 다른 한 사람과 물건을 사고판다면, 둘 사이에는 작지만 시장이 형성된 것이다. 전통시장과 플리마켓은 물론이고, 편의점이나 마트와 같은 소매점도 일종의 시장이라고 볼 수 있다.

시장에는 두 종류가 있다. 하나는 플리마켓과 같이 소비자가 판매자와 직접 만나는 시장이다. 다른 하나는 비즈니스의 장, 기업과 기업이 거래하는 시장이다. 예를 들어 런던 북부에 있는 캠든마켓은 공예품, 의류, 골동품 등의 가게와 노점이 늘어서 있고 매주 약 25만 명이 찾아오는 관광명소다. 한편 기업과 기업이 거래하는 장으로는 네덜란드 알스메이르에 있는 세계 최대의 화훼 시장을 예로 들 수 있다. 100만 제곱미터, 축구 경기장 125개 넓이에 해당하는 드넓은 실내에서 하루 700만 송이의 장미, 300만 송이의 튤립, 그 외에 1,000만 송이의 각종 꽃이 거래된다. 전 세계의 꽃 중 40%가 이곳에서 거래된다고 한다. 아프리카와 중남미에서 비행기로 꽃이 운반되어 오고, 구매자 2,000명이 찾아온다. 구매한 꽃은 다시 비행기를 타고 전 세계의 소비자들에게 팔린다.

우리 주변에는 물건을 매매하는 시장뿐만 아니라 매우 다양한 시장이 존재한다. 주식을 사고파는 주식시장, 기업에 취직하고 임금을 받는 고용시장을 예로 들 수 있다. 돈이 오

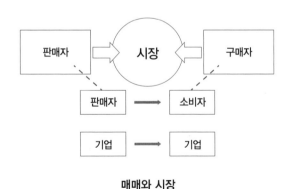

매매와 시장

갈 때는 그 이면에 매매가 있으며, 이것이 곧 시장이다. 이처럼 시장은 동서고금과 장소, 규모, 형태를 불문하고 알게 모르게 우리의 경제를 떠받쳐 왔다. 제2장에서도 설명했듯이 이것을 '시장경제'라고도 한다.

시장에는 상품도 기업도 모여든다

공급망의 기업들이 거래하는 장

우리가 사는 지역에도 '도매시장'이라는 시장들이 존재한다. 채소, 과일, 수산물, 화훼 관련 기업들이 물건을 사고파는 장소다(이제부터 도매시장을 '시장'이라고 부르겠다). 이 시장에 참가하는 것은 앞 장에서 공급망이라고 불렀던, 생산자와 소비자를 연결하고 중개하는 기업들이다.

이 기업들은 생산자에게서 생산물을 사들이는 도매상, 도매상에게서 생산물을 사들여 소매점에 파는 중도매인, 중도매인 또는 도매상에서 경매를 통해 또는 일대일로 물건을 사들이는 소매상이다.

시장의 아침은 일찍 찾아온다. 전날 저녁부터 거래 당일

출하자

도매상

일대일 거래

경매

중도매상

소매상

소비자

시장의 시스템

새벽까지 전국에서 수많은 종류의 상품이 대량으로 도매상들에게 모여든다. 소매상은 당일 아침 개점 전에 거래를 마쳐야 한다는 사정이 있다. 그래서 도매상은 중도매인 또는 소매상과의 매매를 가능한 한 빨리 끝내야 한다. 또 신선식품은 시간이 지나면 상품 가치가 낮아진다. 그런 의미로 시장은 시간과 싸움을 하는 장소이기도 하다.

이 시장 덕분에 우리 소비자는 전날 또는 전전날에 우리가 모르는 곳에서 생산된 신선식품을 오늘 식탁에 올릴 수 있는 것이다.

왜 기업과 상품은 시장 모여들까

어느 나라든 모든 시장은 반드시 한 장소에 집중되어 있고, 상품뿐만 아니라 판매자와 구매자도 그곳에 모여든다. 그 이유는 무엇일까? 바로 매매에 불필요한 비용을 들이지 않기 위해서다. 거래에는 다양한 비용이 드는데, 시장은 다음과 같이 불필요한 비용을 줄이는 시스템으로 되어 있다.

첫 번째, 시장에 참가하는 구매자와 판매자 모두가 한 장소에 모임으로써, 서로 상품을 살 사람과 팔 사람을 찾는 비용을 줄일 수 있다.

두 번째, 시장에 가면 어떤 상품이 얼마나 많이 입하되었는지, 시장 전체에서 어떤 가격에 거래되고 있는지 등의 중요한 정보를 비용을 들이지 않고 얻을 수 있다.

세 번째, 생산자의 입장에서는 시장에 상품을 보내기만 하면 다양한 구매자가 사 가므로 운송비용을 줄일 수 있다.

네 번째, 소매상의 입장에서는 시장에 가기만 하면 다양한 품목을 살 수 있으므로 다양한 장소에서 개별적으로 상품을 사는 수고와 비용을 없앨 수 있다.

게다가 시장에서는 안심하고 확실하게 거래할 수 있다는 것도 기업에 좋은 점이다.

수많은 품목의 생산물이 수많은 생산지에서 모여든다. 소매상은 매일 수천 가지 품목을 갖춰야 하는데, 시장에 가면 원하는 품목을 확실하게 발견할 가능성이 크다. 또 사전에 필요한 품목을 알고 있기만 하면 거래일 전에 예약해서 구매할 수도 있다. 생산자의 입장에서도 수많은 구매자가 찾아오므로 구매자를 확보하기 쉽다고 할 수 있다. 또 도매시장에서 거래에 참여하는 기업은 모두 시장에서 허가를 받은 신뢰할 수 있는 기업이므로, 구입하는 상품의 품질과 대금의 지불도 보증되어 있다.

이처럼 기업이 볼 때 시장은 불필요한 비용 없이 안심하고 확실하게 거래할 수 있는 중요한 장소다.

비용이 들지 않으면 가격도 오르지 않는다

시장이 있기에 거래에 불필요한 비용이 들지 않는다는 것은 우리 소비자에게도 좋은 점이다. 우리가 지불하는 가격에는 생산에 든 비용뿐만이 아니라, 상품이 생산자에서 시장을 통해 소매점에 다다를 때까지 든 비용도 포함되어 있기 때문이다. 시장에서 불필요한 비용이 들지 않으면 그만큼 가격도 내려간다. 그 의미에서도 시장은 우리 소비자에게도 중요한 장소다.

도매상을 중심으로 사고팔다

시장 거래의 심판 역할

시장의 중심은 도매상이다. 도매상은 전국의 생산자가 내놓은 상품을 집하해 중도매인과 소매상에게 분배하고 판매한다. 그 과정에서 판매자와 구매자 사이에 위치하며 생산자와 중도매인·소매상 양쪽이 수용할 수 있도록 가격과 거래량을 조정한다.

시장 내에서는 모든 거래를 신속히 마칠 필요가 있다. 그래서 도매상은 중도매인과 소매상이 거래를 준비할 수 있도록 입하한 상품의 품목, 수량, 규격 등을 사전에 공개한다.

사전에 정해진 가격은 없다

그러나 시장에는 사전에 정해진 가격이 없다. 가격은 모두 판매자인 도매상과 구매자인 중도매인 및 소매상 사이에서 협상을 통해 결정된다. 일대일로 거래하는 경우도 마찬가지다. 생산자가 입하하는 품목과 수량, 구매자가 원하는 품목과 수량이 매일 달라지고, 따라서 양쪽이 수용하고 합의할 수 있는 가격도 항상 달라지기 때문이다.

판매자와 구매자 간의 협상은 쉽지 않다. 판매자는 당연히 높은 가격에 팔기를 원한다. 반대로 구매자는 가장 싼 가격에 사기를 원한다. 이렇게 까다로운 상황을 어떻게 해결할까?

바로 이 때문에 구매자와 판매자 사이에 도매상이라는 심판이 필요하다고도 할 수 있다. 일반적으로 구매자와 판매자 사이의 협상은 누가 더 잘 버티느냐에 달려 있어서 마치 줄다리기와도 비슷하다. 판매자와 구매자 중 누구의 버티는 힘이 더 강한가, 또는 서로 똑같은가. 판매자가 어떻게 해서든 상품을 팔고 싶다면 가격을 낮춰서라도 팔려 할 것이다. 이 경우는 구매자가 버티는 힘이 더 강해서 구매자가 주도권을 쥔다.

반대로 구매자가 어떻게 해서든 상품을 사고 싶다면 가격이 비싸도 사려 할 것이다. 이 경우는 판매자가 버티는 힘이 더 강해서 판매자가 주도권을 쥔다. 양쪽의 버티는 힘이 똑같다면 주도권 쟁탈전이 일어나며, 가격도 쉽게 움직이지 않는다.

예를 들어 딸기는 시장에 나오기 시작하고 나서 얼마 동안은 출하량이 늘어도 가격이 그다지 변하지 않는다. 그 시기에 판매자와 구매자의 힘이 엇비슷하기 때문이다. 그러나 제철이 지나 가격이 급락하면 구매자가 주도권을 쥐고, 가격이 낮은 경우에만 딸기를 구매한다. 이렇게 보면 딸기의 경우는 결국 구매자가 줄다리기의 주도권을 쥐고, 그것이 가격에 반영되어 가격이 내려감을 알 수 있다. 마치 줄다리기의 심판이 승부를 판정하듯, 도매상은 거래의 심판으로서 판매자와 구매자가 모두 수용할 수 있는 가격과 수량을 결정하는 역할을 한다.

심판이기에 겪는 어려움도 있다

도매상은 생산자와 구매자 사이의 심판으로서 어려움을 겪기도 한다. 도매상과 생산자 사이에는 엄밀히 말하면 두 가지 거래 형태가 있기 때문이다.

하나는 생산자의 상품을 구매자에게 대신 판매해 주고 수수료를 받는 위탁이다. 단순히 생산자의 대리인이 되어 상품을 도매하는 것이다. 다른 하나는 도매상이 생산자에게서 상품을 매입한 후 판매하는 것이다. 바꾸어 말하면 도매상이 생산자에게서 구매한 물건을 구매자가 다시 도매상에게서 구매하는 형태다. 어느 경우든 도매상이 생산자와 구매자 사이의 한가운데에 있음은 변함없다. 다만 실제 입장은 매우 달라진다. 그 차이를 확실하게 살펴보자.

위탁의 경우 도매상은 상품을 비싸게 팔고자 하는 생산자와 싸게 사고자 하는 구매자 사이에 있다. 양쪽이 수용할 수 있도록, 너무 비싸지도 않고 너무 싸지도 않은 가격을 찾는 일만 생각하면 된다. 도매상 자신은 이미 생산자에게서 수수료를 받았으므로, 어떤 경우에도 자신의 비용은 지출되지 않는다. 더 이상의 손해도 없고 이득도 없는 것이다.

그러나 사서 되파는 경우에는 잘 판단하지 않으면 손해를

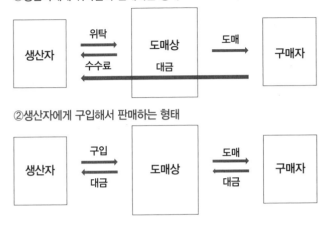

①생산자에게 위탁받아 판매하는 형태

위탁 → 생산자 ← 수수료 도매상 대금 도매 → 구매자

②생산자에게 구입해서 판매하는 형태

구입 → 생산자 ← 대금 도매상 도매 → 구매자 ← 대금

도매상과 생산자 간의 두 가지 거래

보게 된다. 생산자에게서 일단 상품을 구매한 후 판매하는 것이므로 손해를 봐서는 안 된다. 결코 구매한 가격보다 싸게 팔 수는 없다. 가령 생산자에게서 5,000원에 구매해 7,000원에 도매하면 2,000원의 이익이 남으므로 문제없지만, 만약 3,000원에 도매하면 2,000원의 손실이 발생한다. 따라서 이 경우 도매상은 생산자와 구매자의 사이에 있다고는 해도, 사실은 생산자와 마찬가지로 가능한 한 비싸게 팔고자 한다. 가능한 한 싸게 사고자 하는 구매자의 뜻에 부응하기 어려운 입장에 있음을 알 수 있다.

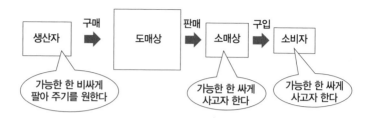

도매상을 둘러싼 상황

　이렇게 보면 도매상은 심판이라기보다 비싸게 팔고 싶은
판매자와 싸게 사고 싶은 구매자 사이에서 이러지도 저러지
도 못하는 처지라고 할 수도 있다.

도매상이 어려운 이유

　어떤 경우든 도매상은 더 비싸게 팔고자 하는 생산자의 뜻
과 더 싸게 사고자 하는 구매자의 뜻에 동시에 부응해야 한
다. 보통은 싸게 사서 비싸게 팖으로써 이익을 얻는데, 이 경
우에는 그 반대인 것이다. 매일 거래가 이루어진다는 것은 도
매상이 그만큼 잘 중재하고 있다는 뜻이라고도 할 수 있다.
　생산자는 판매에서 얻은 수입으로 비용을 회수해야 한다.
도매상이 생산자에게 상품을 사들이는 가격은 생산자가 비용을 회수하고 이익을 남길 수 있도록 설정되어 있다. 반대로 중도매인과 소매상은 가격이 비싸면 소비자가 상품을 사가지 않을 것이므로 가능한 한 싼 가격에 상품을 들여놓아야 한다. 재고가 남는 일 없이 거래를 완료시키기 위해서는 최종적으로 생산자도 수용하고 구매자도 수용할 수 있는 선, 너무 비싸지도 않고 너무 싸지도 않은 가격을 찾아내야만 한다. 가령 지나치게 싼 가격으로 구매자에게 팔면 생산자가 손해를 볼 수 있고, 지나치게 비싸면 설령 소매상이 매입한다 해도 소비자가 사 주지 않을 수 있다. 그래서 가격의 폭은 좁다. 줄다리기보다도 미묘한 줄타기라고 할 수 있다.

도매상 자신도 이익을 추구하는 기업이라는 점은 다르지 않다. 그래서 가능한 한 비용을 줄이고 수입을 늘림으로써 이익률을 높이고자 한다. 생산자에게서 상품을 사들이는 매입 금액은 도매상에게는 비용이다. 한편 중도매인과 소매상에 상품을 판매하는 금액은 수입이다. 그런데 비용인 매입 금액과 비교할 때 수입인 판매 금액은 그다지 많지 않다. 게다가 상품을 트럭 등으로 운반하는 수송비용, 입하한 상품을 정리하고 분배하며 사전에 상품의 품질, 규격, 수량 등을 알리는 데에 드는 비용 등 도매와 관련된 비용도 많다. 이 비용은 물론 도매상 자신이 부담해야 한다. 그 때문에 도매상이 높은 이익을 확보하기 어려운 상황이 된다.

우리는 도매상이 이렇게 험난한 조건 속에서도 중요한 역할을 수행하고 있음을 알아 둘 필요가 있다.

경매 거래로 공정한 가격을 만든다

경매 거래란 경매사의 주도로 품목마다 구매자가 구매하고 싶은 가격을 제시하고, 그중 가장 높은 가격이 나왔을 때 그것을 그날의 가격으로 삼는 거래다. 현재 도매시장의 거래는 이 경매 거래, 그리고 도매상과 중도매인 및 소매상이 일대일로 협상하는 거래로 나뉜다.

경매사의 감정을 통한 가격 설정

경매 거래의 특징은 구매자들이 서로 경쟁하며 가격을 제시하고, 그중 최고액을 제시한 구매자가 낙찰받는(구매할 권리를 얻는) 데에 있다. 일반적으로 거래 협상은 일대일인 경우와 일대다인 경우 결과가 완전히 달라진다. 경매에서 판매자인 도매상은 하나이고, 구매자인 중도매인과 소매상은 여

경매사가 하는 일

럿이다. 경쟁하는 구매자가 많으면 많을수록 판매자에게 유리한 형태다.

경매를 관리하는 사람은 경매사다. 경매사는 상품의 규격, 신선도, 품질뿐만이 아니라 그날 및 최근 그 품목의 시장 내거래 가격, 거래 상황을 사전에 확인한다. 그리고 그 상황을 고려해 시작 가격을 구매자에게 제시한다. 경매는 시작 후몇 초 내로 끝나는 것이 일반적이다. 경매사는 그 자리의 흐름을 보며 마치 노래하듯 가격을 높여 부른다. 구매자는 아무 말 없이 손짓으로 원하는 가격을 제시한다. 경매사는 분위기를 보고 더 이상 입찰이 없다고 판단하면 경매를 완료시킨다.

경매사의 경매 관리는 경험이 뒷받침하는 직관력의 산물

이라고 할 수 있다. 상품의 가치에 걸맞은 가격을 유도하고, 전날과 당일의 시장 상황을 살피고, 다른 시장에서 거래된 가격과 큰 괴리가 없도록 하고, 판매자와 구매자가 손해를 보지 않도록 하며 짧은 시간 동안 어려운 판단을 내려야 한다. 놀랍도록 고도의 기술이다.

시장에서 경매가 이루어지는 이유

시장에서 경매가 활용되는 이유는 소매상이 개점을 앞둔 시간의 쟁탈전 속에서 거래를 순식간에 마침으로써 시간과 수고, 그리고 거래비용을 절약할 수 있기 때문이다. 또 구매자와의 매매가 공개적으로 이루어지므로 모두가 수용하는 결과를 끌어내기 쉽기 때문이다.

경매로 결정되는 가격이 모두가 수용하는 공정한 가격이 되는 배경에는, 시장 전체의 매매 상황, 수요와 공급의 관계를 살펴서 경매 가격에 반영하는 경매사의 역할이 있다. 도매시장에서는 다른 시장에 비해 매우 많은 거래가 한꺼번에 이루어진다. 도매시장 전체에서는 품목마다 구매자(수요)와 판매자(공급)가 합의하는 가격과 수량이 저절로 결정된다. 경매사는 시장 전체의 상황과 움직임을 고려해서, 품목별로 품질과 규격에 따라 적당한 가격을 판단한다.

이렇게 해서 생산자에게서 입하한 상품은 도매상을 통해 경매에서 낙찰된 가격과 수량으로 소매상에 판매된다.

일대일의 경우는 어떻게 될까?

시장에서는 경매뿐만이 아니라 도매상과 중도매인, 소매상이 일대일로 품목별 거래를 협상하기도 한다. 왜 이러한 일대일 거래가 존재할까? 또 여러 구매자가 경쟁하며 입찰해서 가격을 제시하는 경매와는 무엇이 다를까?

일대일 거래에 참여하는 것은 일반적으로 대형 소매점이다. 이른 아침부터 개점해서 대량의 품목을 갖춰야 하는 대형 소매점의 입장에서, 새벽이라고는 해도 거래 당일의 경매는 개점 시간에 맞추지 못할 위험이 있기 때문이다. 그래서 사전에 개별적으로 도매상과 거래함으로써 개점 시간에 맞추는 것이다.

마트와 같은 대형 소매점은 채소 등의 신선식품이 주력 상품이므로 사전에 신문 속 전단지 등을 통해 가능한 빨리 품목과 가격을 공개한다. 그래서 단순한 일대일 거래에 그치지 않고, 다음 주에 이 품목이 이만큼 필요하다고 알려서 거래를 예약하는 경우도 있다. 도매상은 전국의 생산자와 연결되어 있어서 이러한 수요에도 대응할 수 있다.

그러나 경매와는 다른 거래 방법이라고는 해도 도매상은 경매의 경우와 마찬가지로 품목의 규격과 품질을 확인하고, 시장 전체의 가격과 수량의 움직임을 고려해서 타당한 가격을 판단한 후 대형 소매점과 협상한다. 일반적으로 구매자와 판매자의 일대일 거래는 누가 주도권을 쥐느냐에 따라 결과가 달라진다. 구매자가 그 상품을 얼마나 사고 싶은지, 판매자가 그 상품을 얼마나 팔고 싶은지, 그 줄다리기 관계가 여기에서도 나타난다. 어떻게 해서든 사고 싶다면 가격을 조금 올려도 살 것이다. 어떻게 해서든 팔고 싶다면 가격이 내려가도 팔 것이다. 누가 협상을 주도하느냐에 따라 그 줄다리기의 결과가 달라지는 것이다.

이처럼 시장은 다양한 규칙에 따라 방대한 거래를 신속하게 중재하고 소비자에게 필요한 상품을 전달하는 절묘한 시스템이다.

시장이라는 시스템을
경제학적으로 생각해 보자

지금까지 살펴본 바와 같이 시장은 대량의 상품 매매를 중재하는 시스템이다.

그 시스템이 효과적인 이유는 경제학으로 설명할 수 있다. 시장이라는 시스템이 왜 그렇게 기능하는지, 가격과는 어떤 관계가 있는지, 경제학의 관점에서 정리해 보겠다.

매매를 조직적으로 진행하는 시스템

시장은 방대한 매매가 원활하게 이루어지도록 설계되어 있다. 플리마켓이나 새벽시장에서도 그곳이 아니면 이루어지기 어려운 수많은 거래가 이루어진다. 동서고금 어디에서든, 누가 시켜서 그렇게 된 것이 아니라 우리가 생활하고 사회를 움직이기 위해 그런 시장들을 형성한 것이다.

시장이라는 시스템은 다음과 같은 세 가지 요소로 이루어져 있다. ①방대한 매매를 조직적이고 신속하게 진행하는 시스템과 메커니즘. ②생산자와 시장의 움직임 등 필요한 정보를 신속하게 전달하는 정보 전달 방법. ③확실하게 거

시장을 구성하는 요소

래를 완료하고 대금을 결제하기 위한 법 제도, 관습, 규칙.

그러나 시장에 참여하는 생산자, 도매상, 소매상 등은 모두 자발적으로 매매 여부를 판단한다. 무엇보다 시장은 거래가 원활하게 이루어지는 무대이며 장이므로, 개별 거래 하나하나를 규제하는 것이 아니라 전반적인 거래가 원활하게 진행되도록 지원한다.

거래가 원활하게 진행되는 열쇠는 상품의 집하, 정보의 전달, 상품의 분배, 자금의 결제에 드는 비용 등 매매 과정에서 발생하는 거래비용이다. 거래비용에는 시간, 인력, 돈이 모두 들어 있다. 판매자는 모처럼 상품을 팔아도 그 비용을 부담해야 한다. 구매자도 판매자에게 지불하는 구매비용에 더해 이 거래비용을 부담해야 한다.

예를 들어 판매자와 구매자의 협상이 평행선을 달리며 질 질 끌면 단순히 시간과 수고만 드는 것이 아니다. 그동안 상품 가치도 하락하고, 서로 이익을 얻을 기회가 없어질지도 모른다. 일대일 거래든 경매 거래든 시간을 허비하지 않고 거래가 성사되는 것은 서로 이익을 얻을 수 있도록 고안된 거래 방식이기 때문이다.

불필요한 거래비용을 절약하는 시스템이 없었다면 시장 은 성립하지 않았을 것이다.

정보가 원활하게 흐르는 시스템

제1장에서 언급한 바와 같이 구매자와 판매자 사이에는 상품의 품질에 대한 정보의 격차가 존재한다. 구매자는 판매자만큼 상품에 대한 정보를 많이 알지 못한다. 따라서 시장에서는 구매자가 상품 가치를 파악할 수 있도록 판매자가 상품에 대한 정보를 전달할 필요가 있다. 경매와 일대일 거래 전의 사전 조사, 도매상과 경매사의 상품 평가, 도매상과의 정보 교환, 적절한 가격의 설정 등 이 모든 일이 정보의 격차를 메우고 거래를 원활하게 진행시키는 토대가 된다.

상품을 구매한 후의 가치가 구매 전에 파악했던 것과 똑같으면, 거래를 통해서 상대방에 대한 신뢰가 생기게 된다.

확실하게 거래를 완료시키는 시스템

거래를 완료시킬 때 가장 중요한 것은 판매자가 구매자에게 상품 구매 대금을 건네는 대금 결제다. 말할 것도 없이, 안심하고 돈을 건넬 수 없으면 처음부터 거래가 불가능하다. 대금이 결제되지 않을 위험을 결제 리스크라고 하는데, 시장은 모든 방법을 동원해 결제 리스크를 없앨 필요가 있다.

시장에 참여하는 생산자는 생산비용을 신속히 회수하기 위해서도 매매가 성사된 후 가능한 한 빨리 대금을 받고자 한다. 도매상의 경우도 매매가 성사되고 받은 대금을 생산자에게 신속히 전달해야 하므로, 소매상에게 신속히 대금을 받아야 한다. 소매상에서 도매상, 그리고 생산자로 향하는 자금의 흐름은 시장의 관습과 규칙으로 확립되어, 막힘없이 결제가 진행되도록 되어 있다.

가격이 형성되는 과정

이처럼 원활하게 거래가 진행되는 시스템 속에서 가격은 어떻게 형성되는 것일까? 그 핵심은 무엇일까?

첫 번째로 '경쟁'이 존재한다. 같은 품목이라도 전국의 생산자들이 출하하므로, 경쟁 상대의 생산물에 뒤지지 않는 상품 가치가 있는 생산물을 출하해야 한다. 생산자 간에 경쟁하는 것이다. 경매에서 좋은 값을 받을 수 있도록 열심히 양질의 상품을 생산해야 한다.

한편 구매자들은 그 상품을 어떻게 평가할까? 그 상품을 가장 원하는 구매자가 다른 구매자보다 높은 가격, 높은 평가를 매긴다. 구매자 간의 경쟁이 그 상품에 대한 최고의 평가를 이끌어내는 것이다.

이처럼 경쟁 덕분에 판매자는 품질 좋은 상품을 공급해야 하고, 구매자는 좋은 상품을 발견했을 때 그 가치에 걸맞은 가격을 지불해야 구매할 수 있는 상황이 된다. 판매자가 창출한 상품의 가치가 가격에도 반영되는 것이다. 이렇게 해서 가격은 상품 가치를 적절히 나타내는 신호로 기능한다.

두 번째는 '거래 상대'다. 경매든 일대일 거래든 거기에 참여하는 구매자와 판매자는 오랫동안 시장에 등록해서 계속

활동하는 업자들이다. 그래서 경매든 일대일 거래든 서로 몇 번이고 계속해서 거래하게 된다. 처음 보는 상대와 거래하게 되면 다양한 리스크의 가능성이 생겨난다. 상대가 상품의 가치를 알아줄지, 대금을 확실히 지불할지와 같은 리스크를 예로 들 수 있다. 이러한 리스크의 유무는 가격의 설정과 관련이 있다. 처음 보는 상대라면 리스크를 감수하고 거래하는 대신 다소 비싼 가격으로 더 많은 이익을 도모하는 것이다.

계속 거래하는 상대의 경우는 신뢰할 수 있기 때문에 다음에도 또 거래할 것을 생각해서 저렴한 가격을 제시하기도 하고, 상대가 손해를 본 경우에는 다음번 거래에서 가격을 조정하는 등 열심히 서로 도우며 리스크를 분담하고자 한다.

모두가 이익을 보는 시스템

에도 시대 오미 지방의 상인들은 '장사는 물건을 파는 사람과 사는 사람을 만족시키는 것은 물론, 나아가 사회에도 좋은 결과를 끌어내야 한다'라고 생각했다.

시장은 이 사상을 실천하는 거래의 장이다. 판매자와 구매자가 불필요한 비용을 들이지 않고, 양쪽 모두 수용하는 가격으로 거래할 수 있다. 또 이익이 어느 한쪽으로 치우치지 않도록 도매상이 중개한다. 자연현상, 기후변화, 경제 상황의 변화로 인해 갑자기 수요, 공급, 나아가 가격이 크게 변동해도 모두 공정하게 여기고 받아들일 수 있다. 이러한 시장 거래의 결과로 불필요한 비용이 들지 않고 상품 가치에 걸맞은 가격이 형성되는 일은 판매자와 구매자는 물론이고 우리 소비자에게도 유익하다.

시장은 우리의 눈에 보이지 않는 곳, 또는 우리와 멀리 떨어진 곳에서 움직인다. 그러나 시장이 원활히 기능함으로써 사회 전체가 혜택을 보고 있다.

다만 시장은 만능이 아니다. 시장은 어디까지나 원활한 거래를 뒷받침하는 토대이며 발판일 뿐이다. 그 토대의 위에서 판매자와 구매자들은 서로 이익을 창출할 수 있도록 규칙, 법, 관습을 준수하는 자세를 지녀야 한다. 축구나 야구 등의 스포츠 경기가 규칙이라는 토대 위에서 경쟁하며 이루어지는 일과 일맥상통한다.

경매의 구조

경제학에는 경매이론이라는 최첨단 분야가 따로 있다. 경매는 시장경제를 움직이는 중요한 메커니즘의 하나이기 때문이다. 여기서는 현실의 채소, 과일, 수산물 등의 경매가 어떤 시스템으로 진행되는지 설명하겠다.

경매에서 가격은 어떻게 결정할까?

도매시장의 경매는 구매자가 입찰 가격을 높여 나가는 형태다. 다른 구매자보다 높은 가격을 제시하기만 하면 되지만, 그렇게 간단한 일은 아니다. 구매자는 다른 구매자가 어떻게 행동할지 미리 알 수 없다. 그러나 경매는 순간적으로 빠르게 진행되므로, 다른 사람들이 어디까지 입찰하는지 살피면서 자신도 입찰할지, 얼마에 입찰할지, 순식간에 판단해야 한다.

여기서 문제는, 판매자(경매사)는 구매자가 그 상품을 어떻게 평가하는지, 어느 가격까지 입찰할지 알지 못한다는 점이다. 마찬가지로 구매자도 다른 구매자들이 그 상품을 어떻게 평가하는지, 어떤 가격을 제시할지 보통 알지 못한다. 자

경매의 모습

신과 타인 사이의 정보 차이, 정보의 비대칭성이라는 문제가
여기서도 등장하는 것이다.

특히 신선식품의 경우 상품 하나하나의 규격과 생김새가
다르므로 가치를 판단하기가 쉽지 않다. 지나치게 높이 평
가해서 높은 가격을 부르면, 소매점에 진열했을 때 가격이
너무 비싸서 팔리지 않을 수 있다. 그러므로 상품의 품질과
상품성을 평가하는 경험을 쌓아서 가격과 품질의 격차를 좁
혀 나갈 필요가 있다.

한 명이 남아야 끝이 난다

여기서는 경매의 메커니즘을 살펴보겠다. 이 메커니즘은
인터넷 경매 등에서도 일반적으로 이용된다. 그림과 같이

외국에서는 고액 미술품에 대한 경매도 열리는데, 그 메커니즘은 신선식품과 거의 똑같다.

경매사가 입찰가격(구입 가격)을 제시할 때 구매자(입찰자)가 우선 당면하는 문제는 자신의 평가액, 다시 말해 제시할 가격의 상한선이다.

가령 토마토 한 개라고 하자.

자신의 평가 금액 1,000원

경매사의 제시 금액 700원에서 시작해 1,100원까지

이 경우 경매사의 제시 금액이 자신의 평가 금액 이하라면, 가령 900원이라면 그 경매에 참여하고, 자신의 평가 금액을 넘었을 때, 가령 1,100원이 되었을 때 입찰을 그만둘 수밖에 없다. 너무 일찍, 가령 800원에서 입찰을 그만두면 그 상품이 자신의 평가 금액보다도 싸게 팔리는 일을 손 놓고 바라보게 될지도 모른다. 계속 입찰하면 1,000원을 지불할 의사가 있었던 토마토를 900원에 사게 되어 큰 이득을 보게 될 수도 있다.

반대로 1,100원이 되어 자신의 평가 금액을 넘을 때까지 계속 입찰하면, 1,000원이라는 자신의 평가 금액보다 많은 돈을

지불하게 될 위험이 있다. 100원을 낭비하게 되는 것이다.

이처럼 자신의 평가 금액 범위 내에서는 반드시 입찰에 참가하고 평가 금액을 넘으면 입찰을 멈추는 방법을 모든 구매자가 취한다고 하면, 한 구매자가 이길 수 있는 것은 다른 구매자들보다 그 상품을 높이 평가할 때뿐이다. 왜 그럴까? 이 부분을 생각해 보자.

입찰자가 세 명이라고 하자. 평가 금액은 각각 A는 900원, B는 1,000원, C는 1,500원이다. 제시 금액이 900원인 경우 A, B, C 세 명 모두 평가 금액 이하이므로 참가한다. 제시 금액이 1,000원인 경우, A의 평가 금액을 넘으므로 A가 탈락한다. 제시 금액이 1,200원인 경우, B의 평가 금액을 넘으므로 B도 탈락한다.

이처럼 이 입찰은 마지막 두 명 중 B가 탈락했을 때의 가격인 1,200원에서 끝나게 된다. C가 지불할 돈은 자신의 평가 금액인 1,500원이 아니라, 그 상품을 두 번째로 높이 평가하던 B가 물러났을 때의 가격인 1,200원이 된다. 그 상품을 가장 높이 평가한 C는 낙찰을 받는다. 이처럼 한 구매자가 이기는 것은 다른 구매자들보다 그 상품을 높게 평가할 때뿐이다.

여기서 관건은 경매사가 가격을 제시하는 방법이다. 가령 경매사가 1,000원 다음에 1,500원을 제시했어도 C는 여전히 입찰했을 것이다. 그러나 경매사는 구매자의 움직임을 살펴야 한다. 경매사는 C의 평가 금액을 알지 못하고, 가령 1,300원 정도일지 모른다고 생각할 수 있다. 그 경우 1,500원을 제시하면 아무도 손을 들지 않게 되고, 거래가 성립하지 않는다. 그렇게 되면 경매사의 업무에 실패하는 것이다. 경매가 성립하지 않을 리스크를 생각하면 천천히 금액을 올려서 1,200원에서 낙찰하는 형태를 택할 수밖에 없다.

경매사에게 중요한 부분은 평소 익숙한 구매자들이 그 상품에 어떤 가치를 부여할지 판단하는 것이다. 판매자에게

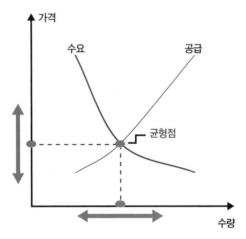

가격이 수요(구매)와 공급(판매)을 조정해서 거래량과 거래 가격을 결정한다

가격 메커니즘이라는 '시스템'

중요한 부분은 경매사가 어느 지점에서 낙찰하고자 하는지, 다른 구매자들은 그 상품을 어떻게 평가할지 판단하는 것이다. 경매는 곧 서로의 의중을 파악하는 일이다.

'이 경매사라면 1,000원 다음에 바로 1,600원이라는 과감한 가격은 절대 내놓지 않을 것이다. 아마 신중하게 1,200원 정도를 부를 것이다. 그리고 다른 구매자들은 거기까지는 입찰하지 않을 것이다.' 그렇게 생각하면 다음 제시 금액을 기다린다는 작전을 짤 수 있다.

경매로 결정되는 가격은 경매사와 구매자가 몇 초 동안 서로 속마음을 짐작하고 탐색한 결과물이다.

수요와 공급은 어떻게 가격을 결정할까

이 부분을 읽기 전에 제2장의 '가격 메커니즘'을 한 번 복습하면 좋을 것이다. 이제부터 그 내용을 전제로 설명하겠다.

시장에서는 공급량에 비해 수요량이 부족하거나 수요량에 비해 공급량이 부족할 때 도매상이 가격을 움직여서 양쪽이 일치하도록 하며, 이때 특히 수요량을 움직인다. 수요량이 부족할 때는 가격을 내려서 수요량을 늘리고, 반대로 공

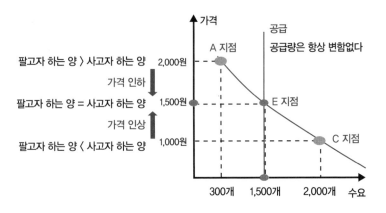

귤의 '가격 메커니즘'

급량이 부족할 때는 가격을 올려서 수요량을 줄인다. 이렇게 해서 수요와 공급이 일치하는 지점으로 가격과 거래량을 조정해 나간다.

이 시스템을 제2장에서 배운 수요곡선과 공급곡선을 이용해 설명해 보겠다. 두 곡선 모두 경제학에서 반드시 배우는 기본적인 사항이다. 이번에는 귤의 수요곡선과 공급곡선을 생각해 보자.

농산물은 정해진 넓이의 토지에서 생산한다는 제약 등이 있기 때문에 가격에 따라 공급량을 바꾸기 어려우므로, 공급곡선은 수직에 가까운 형태다. 그래서 이 그래프에서는 귤의 가격이 어떻게 변하든 공급량(팔고자 하는 양)은 1,500개로 변함없다.

한편 수요곡선(사고자 하는 양)은 제2장에서 살펴본 바와 같이 우하향하는 곡선이다. 귤은 가격이 바뀌면 수요량도 거기에 맞춰 오르내리기 쉬워서, 가격이 내려가면 수요량이 많이 늘어나고 가격이 올라가면 수요량이 많이 감소하는 성질이 있기 때문이다.

이 그래프에서 보면 E 지점, 즉 1,500원에서 공급곡선과 수요곡선이 교차해 귤의 공급량과 수요량이 일치하고, 거래량이 1,500개에서 균형을 이루고, 다 팔리지 않아 남는 귤이 없게 된다.

그러나 갑자기 모든 귤이 매진되는 형태로 균형점에서 수요와 공급이 일치하지는 않는다. 가령 가격이 처음에 A 지점에 있는 경우, 2,000원의 가격에서 수요량은 300개로 공급량 1,500개보다 적다. 반대로 말하면 공급량이 1,200개 남는 것이다. 여기서 공급자는 수요법칙, 가격이 내려가면 수요가 늘어나는 현상을 이용해서 가격을 1,500원까지 낮춰 나간다. 여기서 수요와 공급이 일치해 가격은 1,500원으로 안정된다.

반대로 가격이 C 지점의 1,000원인 경우, 수요량이 2,000

개이므로 1,500개의 공급량으로는 부족하다. 이때 가격을 1,500원까지 올리면 수요와 공급이 일치한다. 이 1,500원을 균형가격이라고 한다. 균형가격은 시장 전체의 가격과 비슷하다. 그래프에서 균형점은 E 지점이다.

이렇게 해서 가격을 움직이면 수요량도 움직여서 공급량과 일치하게 된다. 그런데 한 가지 의문은, 이 균형점에 다다르도록 누가 조정하느냐 하는 것이다. 이것은 몹시 어려운 질문이다. 각 시장의 수많은 경매인이 경매를 한 결과, 저절로 수요 공급이 일치하는 거래가격이 결정된다. 그 시장뿐만이 아니라 근처의 큰 시장들을 포함해 그 지역의 모든 시장에서 이루어지는 방대한 매매의 결과라고 생각하면 된다.

이렇게 해서 현실의 수요와 공급의 움직임도 수요곡선과 공급곡선을 함께 생각하면 더 이해하기 쉬움을 알 수 있다. 경제학에서 빈번하게 다루는 개념이므로 잘 복습해 두면 경제학을 더 깊이 공부할 때 아주 편해질 것이다.

이 장에서 배운 경제학의 요점

① 시장이란 판매자(도매상)와 구매자(중도매상, 소매상)가 한 장소에 모여 매매 거래를 하는 장소다.

② 시장은 거래에 불필요한 비용이 들지 않도록 설계된 동시에, 거래가 확실히 이루어지도록 규칙을 갖추고 있다.

③ 시장에는 수요와 공급이 일치하는 지점에서 가격이 결정되도록 거래가 진행되는 시스템이 있다.

배운 내용 실천하기

자신이 도매상의 입장이라면 무엇을 생각하며 생산자 및 소매상의 사이를 중개하고, 어떻게 가격을 결정해야 할까?

권장하는 습관

수요의 강약을 관찰하자.

이 장의 경제학 용어

시장경제: 물건의 매매가 대부분 시장에서 이루어지는 경제

거래비용: 매매 거래에 따르는 비용

경매 거래: 구매자들이 경쟁하며 입찰하는 거래

일대일 거래: 구매자와 판매자가 일대일로 실시하는 거래

균형가격: 수요량과 공급량이 일치하는 가격

제 5 장

전부
팔아 치우기 위한
전략적 가격 결정

드디어 상품이 우리 가까이에 다가왔다. 채소를 사들인 소매상이 가게에 채소를 진열하고 우리 소비자가 찾아오기를 기다리고 있다. 소매상은 시장에서 매입한 가격을 바탕으로 비용과 이익을 생각해서 소매가격을 매긴다. 다른 가게는 어떤 가격을 매길까? 소비자는 그 가격을 어떻게 판단할까? 상품을 모두 팔 수 있는 가격일까? 여러 가지로 어려운 판단이 필요한 국면이다.

이 장에서는 소매상이 어떻게 가격을 결정하는지, 소매점의 가격과 관련된 전략을 살펴보겠다.

소매상에 있어 가격이란 무엇일까?

가게에 가격은 없어서는 안 되는 존재다. 가격과 가격표가 없으면 가게는 상품을 팔 방법이 없다. 우리는 가게에서 물건을 고를 때 일반적으로 가격표 상의 가격을 먼저 확인한 후 상품의 가치를 판단한다. 이처럼 소매상의 입장에서 가격은 소비자에게 상품에 관한 정보를 전달하고 구매 동기를 부여하는 결정적인 역할을 한다.

그러나 단순히 가격을 결정하고 가격표를 붙이면 되는 문제는 아니다. 가격이 그 상품의 가치를 얼마나 나타내고 전달하는가. 소비자가 볼 때 살 마음이 드는 가격인가. 얼핏 보고도 그 상품을 집어 들 것인가. 가격을 매기는 일이야말로 가게의 매출에서 결정적인 갈림길이다.

소매점은 가게의 판매에 대한 전략 속에서 가격을 결정한

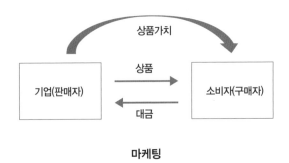

마케팅

마케팅의 4P

다. 소매점뿐만이 아니라 재화와 서비스를 파는 모든 기업에는 회사 전체의 판매 전략을 뜻하는 '마케팅'이라는 개념이 있다. 소비자가 만족할 수 있도록 상품 가치를 전달하고 판매로 연결하는 방법을 생각하는 것이다. 마케팅은 광범위한 학문 분야이며, 실제 매매 현장에서도 활용된다.

예를 들어 마트의 과일과 채소 등은 언뜻 보아도 그 배치, 색깔, 점내 광고(POP라고 함), 가격표에 이르기까지 모든 것이 더 많이 팔기 위해 고안되고 실현되어 있다. 이처럼 마케팅은 다음의 네 가지 요소로 이루어져 있다.

우선 소비자의 필요성을 충족하는 '상품' 그 자체가 있다. 또 상품 가치를 전달하는 '광고'가 있다. 또 하나는 상품을 집어들 수 있는 '장소', 다른 하나는 소비자에게 불필요한 비용을 부담시키지 않는 '가격'이다. 이 모든 것이 조합되고 한 덩어리가 되어 표적인 소비자에게 상품을 판다. 마케팅에서는 이것들을 4P라고 부른다(상품=Product, 가격=Price, 장소=Place, 광고=Promotion).

여기서 중요한 점은 상품은 물론이고 광고와 장소도 공짜가 아니며, 모두 비용을 들여 만든다는 점이다. 그리고 거기에 든 비용을 회수하는 통로는 가격표에 적힌 '가격'을 통한 수입밖에 없다.

상점에서는 가격을 어떻게 결정할까?

소매점의 매입 가격은 비용이다

그러면 가게는 구체적으로 어떻게 가격을 결정할까? 그 전에 소매상이 시장에서 매입한 가격이 어떻게 구성되어 있는지 확인해 보자.

가령 양배추 한 통을 도매시장에서 1,180원에 매입했다고 하자. 여기에는 양배추에 생산자가 들인 비용 930원, 그리고 시장에서 도매상과 중도매인이 거래에 들인 비용(거기에 이익) 250원이 포함되어 있다. 이것은 구체적으로 어떤 뜻일까? 시장에서 소매상이 마지막으로 도매상에게 지불한 금액은 1,180원이다. 도매상은 대금 1,180원에서 자신의 비용 250원을 뺀 930원을 생산자에게 지불한다.

생산 단계	시장 단계
생산 및 출하 비용	도매상 및 중도매인 비용
930원	250원

합계 1,180원

소매상이 시장에서 매입한 가격

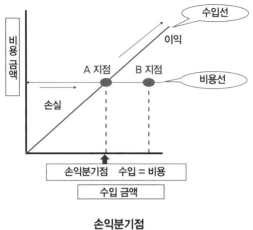

손익분기점

이처럼 마지막에 소매상이 시장에서 구매 대금을 지불함으로써 도매상과 생산자가 각자 비용을 회수할 수 있다.

남는 것은 소매상이 지불한 매입비용을 어떻게 회수할 것인가의 문제다. 상품이 팔리지 않으면 이 비용을 회수하지 못한다는 점을 주의할 필요가 있다. 요컨대 소매상은 어떻게 해서든 상품을 모두 팔아 매입비용을 회수해야 한다는 것이다.

이익이 발생하는 가격을 찾아야 한다

왜냐하면 생산자와 도매상을 포함해 모든 기업은 비용을

회수하고 이익을 창출해야 하기 때문이다. 이익을 창출하지 못하면 경영을 유지하는 일이 어려워진다. 소매점도 물론 예외는 아니다. 여기서 이용하는 개념이 제3장에서 배운 손익분기점이다. 비용을 회수하기 위해서는 어느 정도 이상의 수입이 필요한지, 그 갈림길이 되는 수입 금액을 찾아낸다는 개념이다.

그림에서 세로축은 비용 금액, 가로축은 수입 금액이다. 비용 금액은 옆으로 누운 비용선, 수입 금액은 45도 각도의 수입선으로 나타낸다. A 지점은 비용과 수입이 일치하는, 손실과 이익의 경계가 되는 지점이다. A 지점보다 왼쪽에서는 손실, 오른쪽에서는 이익이 발생한다. 이미 지출된 비용을 회수할 수입 금액이 얼마인지 알 수 있다.

수입 금액은 '가격×수량'이며, 팔아야 할 수량은 상품의 매입량을 통해 결정되어 있다. 결국 손익분기점의 비용과 수입이 일치하는 가격이 얼마인지 이 그래프에서 알 수 있다.

1,180원이라는 비용으로 양배추를 매입했다면 그대로 1,180원에 팔면 된다고 생각할 수도 있다. 그러나 사실 소매상도 그 양배추를 매입하는 데에 여러 비용을 지출한다. 앞에서 언급한 바와 같이 상품을 팔기 위한 마케팅을 실행할 때는 장소와 광고 등 요소 하나하나가 중요하며, 또 비용도

든다. 그 비용을 매입비용에 더해야 하는 것이다.

구체적으로는 다음과 같은 비용이 든다.

- 인건비(점원의 임금 등)
- 상가를 임대할 경우 그 임차료(빌리는 대금)
- 전단지 등의 광고료
- 가게의 운영비용(운송비, 전기요금, 비품 값 등)

그리고 가게의 경영을 유지하기 위해 제3장의 생산자와 마찬가지로 이익을 창출해야 한다. 계산해 보면 다음과 같다.

<양배추 한 통>

매입비용	1,180원
가게가 들인 비용 총액	260원
필요한 이익	110원
합계	1,550원

가격이 1,550원이라면 비용을 회수하고 이익을 얻을 수 있다는 뜻이다. 그러나 이것으로 판매 가격이 결정되었다고 말해도 될까?

소비자는 어떻게 판단할까?

판매 가격이 결정되려면 아직 한참 멀었다. 비용만을 바탕으로 결정할 수는 없다. 다음과 같은 요소도 생각해야 한다.

첫 번째 문제는 소비자가 그 양배추를 봤을 때 어느 정도의 가격에 사고 싶다고 느끼느냐다. 모든 비용을 더해서 계산한 1,550원이, 반드시 소비자가 원하는 가격이 된다는 보장은 없다. 소비자가 구매할 의향이 있는 가격보다 비싸지면 소비자는 그 상품을 사지 않는다. 소비자가 그 양배추를 어떻게 평가하느냐가 관건이다.

두 번째 문제는 경쟁 상대인 다른 가게가 같은 상품을 어떤 가격에 팔고 있느냐다. 다른 가게가 더 싸게 팔 경우, 이 가게의 가격에는 상품이 팔리지 않을 가능성이 커진다. 게다가 요즘 소비자들은 전단지는 물론이고 인터넷을 통해 다른 가게의 가격까지 파악하고 있다. 이 점을 전제로 하면 다른 가게보다 불리한 가격을 제시할 수는 없다.

세 번째 문제는 대체할 상품이다. 양배추의 경우는 양상추의 가격도 관련이 있다. 소비자는 양배추와 양상추 중 하나를 고를 때 무엇의 가격이 더 싼지도 생각한다. 가게는 양배추와 양상추를 모두 팔고자 하므로, 이것은 가격을 매길 때

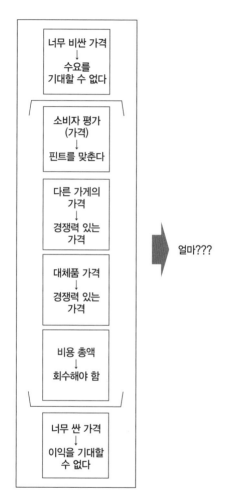

가격을 정하기 위해 생각해야 하는 것들

소비자가 구매하는 가격

	비싼 가격	싼 가격
비싼 가격	① [비쌈, 비쌈] 균형	② [비쌈, 쌈] ×
싼 가격	③ [쌈, 비쌈] ×	④ [쌈, 쌈] 균형

소매상이 판매하는 가격

가격을 둘러싼 소비자와 소매상의 줄다리기

까다로운 부분이다.

소비자 입장에서는 가격이 싸면 쌀수록 좋다. 그 점을 생각하면 이익이 많이 나는 비싼 가격에서는 그 상품에 대한 수요가 없을 가능성이 있다. 그러나 싸다고 반드시 좋지도 않은 것이, 가격을 지나치게 내리면 비용을 회수하지 못할 위험이 발생하기 때문이다. 가게들은 이러한 점을 생각하면서 가격을 매기는 난제를 매일 수행하고 있다.

구매자와 판매자의 줄다리기

독자 여러분도 눈치챘겠지만 여기서도 판매자와 구매자

의 줄다리기가 등장한다. 경제학에서는 이러한 구매자와 판매자의 협상, 줄다리기를 일종의 게임으로 보는 게임이론이 있다. 게임이론은 현실에도 응용하기 쉬우며, 경제학의 새로운 최첨단 이론이다.

게임을 단순한 줄다리기라고 보고, 가격을 둘러싼 구매자와 판매자의 줄다리기가 어떻게 흘러갈지 생각해 보자. 게임이론에서 쓰는 '가격을 둘러싼 소비자와 소매상의 줄다리기' 표는 소매상과 소비자의 관계가 상황에 따라 어떻게 달라지는지 각각 나타낸 것이다.

여기서는 소매상이 판매하는 가격이 '비싼 경우'와 '싼 경우'로 나뉘고, 소비자가 구매하는 가격도 마찬가지로 '비싼 경우'와 '싼 경우'로 나뉜다고 가정한다. 그래서 줄다리기의 조합은 네 가지로 나뉜다. 각각의 경우에 서로 다른 줄다리기가 이루어진다고 생각한다. 예를 들어 [비쌈, 비쌈]은 왼쪽의 소매상이 비싼 가격에 파는 한편 위의 소비자도 비싼 가격에 사는 상황을 나타낸다.

① 비싸게 파는 가게 × 비싸게 파는 손님
② 비싸게 파는 가게 × 싸게 사는 손님
③ 싸게 파는 가게 × 비싸게 사는 손님

④ 싸게 파는 가게 × 싸게 사는 손님

각각의 위치, 사분면에 따라 입장과 관계가 달라진다. ①과 ④는 양쪽 모두 비싼 가격 또는 싼 가격에 사고팔기 때문에 서로의 입장이 맞아 들어간다. 따라서 줄다리기에서는 양쪽의 힘이 균형을 이룬다. 그러나 ②와 ③의 경우는 균형이 맞지 않는다. ②에서는 싼 가격을 원하는 손님이 비싼 가격의 가게에서 물건을 사지 않는다. ③에서는 비싼 가격에 물건을 사는 손님이 싼 가격에 파는 가게에 굳이 비싼 금액을 지불하지 않는다. 따라서 ②와 ③의 관계는 현실적으로 성립하지 않는다.

여기서 판매자와 구매자의 줄다리기 관계를 좌우하는 것이 양쪽의 힘의 크기임을 상기할 필요가 있다. ①, ④와 같이 균형을 이룬 경우 ①처럼 가격이 높은 상품이 일반적인 사치품이라면 그 균형은 움직이지 않는다. 그 상품에 높은 가치가 있다고 생각하면 소비자는 높은 가격이라도 지불할 의사가 있기 때문이다.

반대로 일상적으로 구매할 필요가 있는 상품이라면 소비자는 어떻게 해서든 싼값에 사고자 한다. 그래서 줄다리기가 ④에서 균형을 이루기도 한다.

소비자가 싼 가격으로 끌어당긴다

판매자가 어떻게든 상품을 팔고자 한다면 구매자가 당기는 힘이 더 강하기 때문에 구매자가 주도권을 쥐게 되며 가격은 싼 쪽으로 움직인다. 즉 가게가 어떻게 해서든 상품을 모두 팔고자 한다면, ②와 같이 비싼 가격을 고집하지 않고 가능한 한 싼 가격에 접근할 필요가 있다.

결과적으로 ②의 경우는 가격을 점점 내려서 ④에 다가가게 된다. 이것은 반대 관계에 있는 ③의 소비자 경우도 마찬가지여서 결국은 비싼 가격을 고집하지 않고 ④에 다가간다. 이렇게 해서 결국은 ①의 사치품 시장은 비싼 가격, ④의 생필품 시장은 많은 경우 싼 가격에서 균형을 이루게 된다.

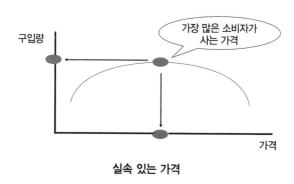

실속 있는 가격

양배추 등 생필품의 가격은 줄다리기의 결과로 가격이 낮아질 수밖에 없음을 알 수 있다.

여기서 또 한 가지 문제가 등장한다. 판매자가 항상 상품을 전부 팔아버리고자 하는 마음이 강하면, ④처럼 소비자가 원하는 낮은 가격에 맞춰서 싸게 파는 상황을 벗어나기가 어려울 수 있다는 것이다.

매진을 위해 가격을 손익분기점 아래 수준으로 낮추어, 매입비용을 회수하지 못하는 지점까지 가격이 떨어질 위험이 생긴다. 이 점은 탄력성이 낮은 상품, 다시 말해 가격을 낮춰도 매출이 그다지 늘지 않는 생필품의 경우 매우 위험하다.

소비자의 '실속있는 소비', 그 적정 가격은?

그러나 가장 많은 소비자가 상품을 구매하는 지점의 가격을 소매상이 찾아낼 수 있다면 가장 큰 수입과 이익을 얻을 수 있다. 현실의 소비자는 꼭 저렴한 가격만을 기준으로 삼지는 않기 때문이다.

소비자는 가격이 지나치게 싼 상품을 보면 애초에 그 상품의 가치가 낮은 것은 아닌지 의심한다. 한편 지나치게 비싼 것도 문제이므로, 그 사이의 '실속 있는' 가격을 찾는 행동을 취한다. 소매상은 그 '실속 있는' 가격을 찾아내는 능력이 필요하다.

다행히 소매상은 과거의 매출 데이터를 축적해 두고 있다. 이 품목과 규격이 이 가격에서 얼마나 팔렸는지, 그 가격에 소비자가 어떻게 반응했는지 대강 파악하고 있다. 그 데이터에서 가장 많은 소비자가 상품을 구매하는 '실속 있는' 가격의 수준을 예측한다. 그러나 경기나 물가 등 매매 여건이 과거와 똑같다는 보장이 없다는 점은 분명히 문제다. 현재 여건에서 소비자의 반응이 어떨지 쉽게 예측할 수 없는 것이 사실이다.

역시 딱 좋은 가격을 정확히 찾아내는 일이란 말처럼 쉽지 않다.

딱 좋은 가격을 탐색하기

가격을 미세하게 올리고 내리면서 딱 좋은 가격을 탐색해 나가는 수밖에 없다. 실제 판매량 추이를 보고 가격을 유지하거나 조정한다. 가격을 조정할 경우에는 그 상품의 가격 변화에 대한 반응, 즉 가격의 탄력성이 전제가 된다.

가격(후보)	판매량 예측	수입
1,450	1,020	147,900
1,550	1,000	155,000
1,650	980	161,700

(단위: 원)

양배추의 수입 예측

이것을 '수요의 가격탄력성'이라고 한다. 가령 가격을 100원씩 올리거나 내릴 때 구매량이 얼마나 변동하는지 측정하는 것이다. 한 조사에 따르면 양배추는 가격을 100원 내려도 판매량이 2% 증가할 뿐이다. 토마토는 7%, 딸기는 14% 증가한다.

매일 필요한 상품일수록 가격과 무관하게 구입한다. 즉 탄력성이 낮다. 반면 원할 때에만 구매하는 기호품은 가격에 대한 반응도 크다. 이처럼 상품마다 탄력성이 다르므로 상품마다 가격을 주의 깊게 조정해서 그 상품의 판매에서 얻을 수 있는 수입을 확대해야 한다.

예를 들어 1,180원에 매입한 양배추에 어떤 가격을 매길지 생각해 보자. 가격의 후보는 1,450원, 1,550원, 1,650원이다. 탄력성이 2%일 때 판매량과 수입을 계산하면 다음과 같은 결과가 된다. 1,550원인 경우 판매량이 100개로 예측된다면, 가격을 100원 내려 1,450원이 됐을 때 판매량은 탄력성을 따라 2% 증가한 102개다. 가격을 100원 올려 1,650원이 됐을 때 판매량은 2% 감소한 98개다. 앞의 표와 같이 가장 수입이 높아지는 가격은 1,650원임을 알 수 있다.

그러므로 소매상은 가능하다면 1,650원에 양배추를 팔고자 한다. 그러나 다른 가게의 가격은 어떨까? 그 점도 생각해야 한다.

타점포와의 가격 경쟁도 있다

자신의 가게에서 판매할 가격을 정한 후에도 또 한 번의 줄다리기, 다른 가게와의 경쟁이 남아 있다. 자신의 가게가 경쟁 상대인 다른 가게보다 가격을 낮추면 매출이 늘어날 가능성이 생긴다. 그러나 다른 가게도 가격을 낮추지 않는다는 보장은 없다. 다른 가게 입장에서는 가격을 낮추지 않으면 매출을 빼앗기기 때문이다. 다른 가게가 마찬가지로 가격을 낮추면 자신의 가게 상황도 달라져서, 낮은 가격으로 매출을 높이는 효과가 약해진다.

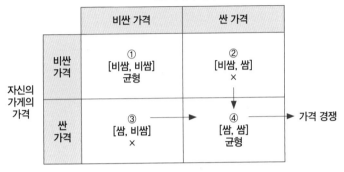

		비싼 가격	싼 가격
자신의 가게의 가격	비싼 가격	① [비쌈, 비쌈] 균형	② [비쌈, 쌈] ×
	싼 가격	③ [쌈, 비쌈] ×	④ [쌈, 쌈] 균형

→ 가격 경쟁

가격을 둘러싼 가게 간의 줄다리기

그뿐만 아니라 두 가게가 소비자를 놓고 쟁탈전을 벌임으로써 매출이 낮아질 가능성마저 있다. 결과적으로 가게에 필요한 만큼 매출을 올리지 못할 위험이 있다. 그렇다고 해서 다른 가게보다 가격을 내리는 전략을 취하지 않는 일이 좋은 것도 아니다. 가령 다른 가게의 가격이 더 내려가면 그 가게에 매출을 빼앗기기 때문이다. 이처럼 가격을 둘러싼 다른 가게와의 줄다리기는 어렵고 까다롭다. 이 까다로운 관계도 줄다리기 형태의 간단한 게임이론으로 생각해 보자.

소매상과 소비자의 줄다리기 관계를 나타낸 표와 마찬가지로, 자신의 가게가 '비싼 가격'과 '싼 가격'에 상품을 파는 경우, 그리고 다른 가게도 마찬가지로 '비싼 가격'과 '싼 가격'

으로 파는 경우를 조합하면 ①에서 ④까지 네 가지의 줄다리기가 가능하다.

① 자신의 가게의 비싼 가격 × 다른 가게의 비싼 가격
② 자신의 가게의 비싼 가격 × 다른 가게의 싼 가격
③ 자신의 가게의 싼 가격 × 다른 가게의 비싼 가격
④ 자신의 가게의 싼 가격 × 다른 가게의 싼 가격

그중에서도 ①과 ④는 각각 비싼 가격과 싼 가격에서 양쪽이 균형을 이루는 경우다. 사치품 등 일반적으로 높은 가격에 거래되는 상품은 ①, 채소 등 낮은 가격에 거래되는 생필품은 ④에 해당한다.

그러나 문제는 두 가게의 가격이 다른 경우다. ②와 ③에서는 한 가게가 다른 가게보다 더 싸게 팔고 있으므로, 다른 가게는 기대한 만큼 매출을 올리지 못할 가능성이 있다. 따라서 그렇게 되지 않도록 다른 가게도 마찬가지로 가격을 내려 대항한다. 결과적으로 ②와 ③은 모두 ④의 형태에 근접한다.

그런데 소비자와 소매상의 줄다리기가 여기에도 작용함을 주의해야 한다. 자신의 가게든 다른 가게든, 값을 내려서

라도 상품을 모두 팔고 싶다면 소비자가 당기는 힘이 더 강해져서 소비자가 주도권을 쥐게 되고 가격은 더욱 내려간다. 두 가게가 경쟁하듯 가격을 내리면서 매출을 확보하려는 '가격 경쟁', '할인 경쟁'에 빠질 위험이 있는 것이다. 가격 경쟁의 경우는 소매상과 소비자의 관계에서 살펴보았듯 손익분기점보다 낮은 수준으로 가격이 내려가서 상품을 팔아도 손해가 될 위험, 소매상에게 바람직하지 않은 상황이 될 위험이 있다.

최종적으로는 낮은 가격에서 더 오래 버티는 쪽이 이기는 체력 승부가 되고 만다. 이것은 소매상이 가장 피하고자 하는 상황이다.

'가격을 파는' 전략을 취한다

이렇게 보면 소비자가 주도권을 쥔 상황에서는 두 가게가 모두 소비자에게 끌려가서 가격을 내릴 수밖에 없다. 가격 인하가 새로운 가격 인하를 부르는 경쟁이다. 게다가 서로 더 많은 소비자에게 물건을 팔기 위해서 가게끼리 서로 견제하며 가격을 내리는 가격 경쟁에 빠져들 위험이 있다. 이렇게 되면 가격 인하의 악순환에 가속도가 붙는 양상이 일어난다.

　현실에서 소매점들은 이러한 상황을 어떻게 피할까? 이 장의 첫머리에서 언급한, 상품의 판매를 전략적으로 생각하는 마케팅이 나설 차례다. 마케팅에서는 가격 경쟁을 피하기 위해 어떤 전략을 채택하고 있을까?

두 가지 이상의 가격을 준비한다

　일반적으로 소매점은 가격 경쟁을 피하기 위해서 고객, 상품, 장소에 따라 기본 가격을 다르게 매기고, 나아가 두 가지 이상의 가격을 준비해 구매자에 따라 가격을 다르게 매긴다. 이러한 가격 설정은 고객층에 따라 다른 가격을 붙인다는 의미로 '가격차별'이라고 한다. 구매자에 맞춰서 가격을 미세하게 조정할 수 있다면 다른 가게와의 가격 경쟁에 잘 말려들지 않게 된다.

　하나의 가격만을 제시하면 이탈하는 고객도 있고, 더 비싼 가격에도 살 의향이 있었던 고객에게 그보다 싸게 팔게 된다는 문제도 생겨, 결과적으로 기대했던 매출을 달성하지 못하게 될 위험이 있다. 그 위험을 막는다는 목적이다.

　가령 사과에 1,000원이라는 가격을 매겼다고 생각해 보자.

물론 그 사과를 보고 1,000원이 적정한 가격이라고 생각한 고객은 사과를 구매할 것이다. 그러나 그 사과가 1,200원이라도 좋다고 생각한 고객은 200원을 아끼게 되며, 반대로 가게는 그 200원을 놓침으로써 매출을 늘리지 못하게 된다. 한편 900원이라면 사고 싶다고 생각했던 고객은 자기 생각보다 비싸기 때문에 구매하지 않는다. 그 경우에도 그 매출을 놓치게 된다. 이처럼 한 가지 가격으로만 상품을 팔면 잠재적인 매출을 놓치게 될 가능성이 있다.

가게는 어떻게 해서든 매출을 늘리고자 하므로, 여기서 새롭게 두 가지 이상의 가격을 준비하게 된다. 단순히 가격표를 세 종류 준비하는 데에서 끝나는 일이 아니다. 가령 사과 한 개 낱개는 1,200원, 두 개 세트는 2,000원으로 한 개 평균 1,000원, 세 개 세트는 2,700원으로 한 개 평균 900원, 하는 식으로 구매하는 수량에 따라 개당 단가를 바꾸는 방법이 있다. 고객은 이 세 가지 가격 중에서 하나를 선택하게 된다.

세 가지 가격 중 무엇을 선택할지는 고객의 자유다. 마트와 음식점은 일반적으로 같은 품목에 높은 가격대, 중간 가격대, 낮은 가격대라는 세 가지 등급을 매겨서 파는 일이 많다. 소비자가 사고 싶은 가격을 직접 선택하도록 하는 것이다. 일반적으로는 중간 가격대를 '실속 있는' 가격으로 설정한다. 이렇게 해서 높은 가격대도 개의치 않는 고객, 낮은 가격대를 지향하는 고객들도 모두 붙잡아 판매 수입을 확대한다.

시간대에 따라 가격을 바꾸는 형태도 있다. 예를 들어 마트의 고객층은 시간대에 따라 달라진다. 오전에는 중년층과 노년층, 오후에는 그보다 젊은 층, 저녁부터는 퇴근하는 고객층으로 바뀐다고 한다. 각 고객층에 맞는 가격대를 설정하는 것이다.

반응이 좋을 것으로 예상되는 시간대의 고객층에 낮은 가격을 제공하는 것이 일반적이다. 한편 요일에 따라서도 평일에 자주 오는 고객과 휴일에 자주 오는 고객은 가격을 서로 다르게 느낀다. 그러므로 요일에 따라 특별 할인을 하는 방법도 있다.

이처럼 가게는 고객층에 따라 가격에 대한 반응이 다르다는 전제로 가능한 한 매출이 많아지도록 가격을 조정한다. 이것은 고객층을 가격에 대한 반응, 즉 탄력성을 기준으로 나누어 생각하고 각각 다른 가격을 제공한다는 사고방식이다. 탄력성의 차이는 가령 앞에서 말한 평일과 휴일의 차이일 수도 있고, 지역의 차이일 수도 있다. 지역에 따라 기호와 소득이 달라서 가격에 대한 반응도 달라지는 것이다.

항상 비싸게 팔 방법은 없을까?

지금까지의 논의를 통해 소매상은 소비자에게서 가격 인하에 대한 압력을 받고, 다른 가게에서는 가격 경쟁에 대한 압력을 받으며 힘든 처지에서 여러 가지 방법을 모색한다는 사실을 배웠다.

여기서 한 가지 생각해 보자. 왜 소비자의 가격 인하 압력, 다른 가게의 가격 경쟁 압력이 등장하는 것일까? 그 압력은 어떤 상품에나 존재하는 것이 아닌가? 그러나 항상 그렇다고 할 수는 없다. 예를 들어 과일이라도 선물용 고급 멜론의 경우, 가격을 전혀 개의치 않는 정도까지는 아니지만 비싼 가격이라도 당연하게 받아들이는 사람이 많다.

가격 인하 압력이 존재하는 상품의 공통점은, 가격 외에는 다른 상품과의 차이가 거의 발견되지 않는다는 점이다. 외관이나 품질 등이 거의 같은 것, 즉 '동질화'한 상품 사이에서는 차이가 발생하는 부분이 가격 외에는 없는 것이다. 그러나 반대로 생각하면, 상품에 가격 외의 '차이'를 부여할 수 있다면 가격 경쟁에 내몰리지 않아도 된다. '차이'란 더 뛰어나다는 뜻의 '차(差)'와, 다르다는 뜻의 '이(異)'를 합친 말이다. 더 뛰어나면서 다른 상품이라면, 다른 상품과 똑같은 차원에서 가격 경쟁이 일어날 일은 없다.

이것을 '제품(상품) 차별화'라고 한다. 상품 그 자체에 차이를 부여하면 판매에 유리해진다는 개념이다. 가격이 아닌 무언가에서 조금이라도 '차이'를 발견한다면, 가격이 비싸더라도 소비자가 그 상품을 선택할 가능성이 커진다.

마케팅에는 차이가 있음을 보여주기, 그리고 차이를 만들기라는 두 가지 방법이 있다. 우선 이 장의 첫머리에서 소개한 마케팅의 요소인 '상품', '가격', '장소(가게)', '광고' 중 효과적으로 상품 가치를 전달하는 '광고'를 활용할 수 있다. 예를 들어 가게 상품 옆의 손으로 작성한 광고(POP)는 그 상품의 가치가 가격에 걸맞게 높음을 홍보한다. 다른 상품에 없는 그 상품만의 가치가 소비자에게 확실하게 전달되면, 가격이 다소 비싸도 소비자가 그 상품을 살 가능성이 컨진다.

브랜드를 만들 것인가, 활용할 것인가

또 한 가지는 '브랜드'를 만드는 일, 또는 같은 품목이라도 이미 브랜드가 있는 상품을 선택하는 일이다. 마케팅에서는 다른 상품과 차별화할 수 있는 특징이 있음을 나타내는 상품명과 마크 등의 상품 정보를 '브랜드'라고 한다. 브랜드는 가령 고급 외제차뿐만이 아니라 우리와 친숙한 일상 용품에도 해당한다.

예를 들어 특정 지역, 특정 생산자의 채소와 과일은 언제 사도 맛있고 품질이 좋음을 알게 되었다고 하자. 그렇게 되면 앞으로도 그 지역, 그 생산자의 상품을 사고자 하는 '신뢰'가 생겨난다. 그 채소가 그 생산자, 그 지역의 생산품이라는 사실은 상품 설명과 마크에서도 '식별'할 수 있다. 우리는 마크를 보고 그 채소를 반복해서 사게 된다. 브랜드란 우리에게 신뢰와 식별의 증거인 것이다.

브랜드에는 다양한 효과가 있다. 첫 번째로 소비자가 앞으

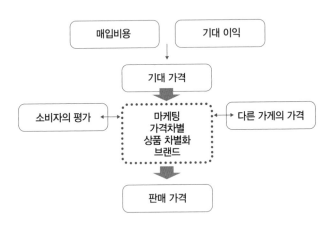

가격이 결정되는 흐름

로도 그 브랜드의 상품을 구매하고자 하는 충성도가 생겨난다. 영어에서는 이것을 로열티(loyalty)라고 한다. 두 번째로 가격을 높게 매길 수 있게 된다. 영어에서는 이것을 프리미엄(premium)이라고 한다. 세 번째로 소비자가 그 상품의 마크를 보면 그 브랜드를 떠올리게 된다. 네 번째로 프리미엄이 붙은 상품은 판매하기 쉽기 때문에 다양한 가게를 향한 유통 경로가 개척되어 매출이 더 쉽게 증가한다.

이처럼 브랜드는 가격 인하, 가격 경쟁에 강력하게 저항하는 효과적인 수단이다. 그러나 상품 차별화든, 광고든, 브랜드든, 다른 가게도 똑같은 방법을 사용할 경우 그 측면에서도 경쟁하게 된다. 가격과 관련된 경쟁은 분명 끝이 없다.

이렇게 해서 가격이 결정된다

이 장에서 지금까지 살펴본 바와 같이 소매상이 가격을 결정하는 방법은 간단하지 않다. 여기서는 가격이 결정되는 흐름을 정리해 보겠다.

우선 상품을 매입한 비용에 기대하는 이익을 더해서 기대 가격을 생각한다. 그리고 소비자가 그 상품을 어떻게 평가할지, 어떤 가격이라면 구매할지, 다른 가게는 어떤 가격에 팔고 있는지 고려한다.

가격 인하와 가격 경쟁에 대한 저항을 강화하기 위해, 소비자의 반응을 보고 두 가지 이상의 가격을 준비하는 가격차별, 상품 그 자체에 다른 상품과 차별화되는 차이를 부여하는 상품 차별화, 나아가 상품의 가치를 알리는 광고, 고객의 계속적인 신뢰를 얻기 위한 브랜드 창출을 실시한다. 이렇게 해서 최종적으로 판매 가격이 결정된다.

그러나 사실 중요한 문제가 한 가지 남아 있다. 바로 소비자의 평가다. 소비자가 그 상품을 어느 가격에 구매할지, 마케팅이 얼마나 효과가 있을지는 소비자의 평가에 달려 있기 때문이다. 가게가 제시한 가격에 대한 소비자의 반응에는 가격을 바라보는 소비자의 복잡한 시각이 작용한다. 다음 장에서는 우리 소비자가 가격을 바라볼 때의 심리적인 움직임을 살펴보겠다.

이 장에서 배운 경제학의 요점

①소매상은 시장에서 상품을 매입한 비용에 가게의 인건비와 판매 비용 등의 비용, 기대하는 이익을 더해서 기대 가격을 산출한다.

②가격을 지나치게 높게 설정하면 수요를 기대할 수 없고, 지나치게 낮게 설정하면 비용을 회수할 수 없다. 그러므로 소비자가 상품을 어떻게 평가하는지, 다른 가게는 얼마에 팔고 있는지 조사한다.

③소비자의 가격 인하 압력이나 다른 가게와의 가격 경쟁 압력에 말려들지 않도록, 고객층에 따라 여러 가격을 준비하거나 광고를 활용해서 다른 가게의 상품과 차별화하고 상품 가치를 홍보한다.

④특히 소비자의 계속된 신뢰를 얻기 위해 브랜드도 창출한다.

배운 내용 실천하기

시장에서 매긴 가격을 보고 ①~④를 생각하며 이 가게(상품)는 어떤 가격 전략으로 가격을 매겼는지 나름대로 분석해 보자.

권장하는 습관

가격이 달라졌을 경우, 왜 달라졌는지 생각해 보자.

. . . .

이 장의 경제학 용어

마케팅: 소비자가 만족할 수 있도록 상품 가치를 알리고 판매로 연결하는 방법을 연구하는 학문 분야

게임이론: 하나보다 많은 주체(국가, 기업, 개인)가 서로의 관계를 바탕으로 어떻게 의사결정을 내리는지 연구하는 학문 분야

가격 경쟁: 같은 상품을 파는 기업 간의 가격 인하 경쟁

가격 차별:소비자의 가격 탄력성(가격에 대한 반응)에 따라 하나보다 많은 가격을 설정함으로써 매출의 최대화를 도모한다는 경제학의 개념

제품(상품) 차별화: 다른 상품과의 차이를 강조함으로써 가격 경쟁에 말려들지 않는 우세한 입장에 서는 전략

브랜드: 상품의 이름, 마크, 로고 등을 통해 다른 가게의 상품과 명확하게 구별하고 상품의 신뢰성을 보여주는 전략

제 6 장

최후의 관문, 소비자의 '까다로운 눈'

가격의 긴 여행에도 드디어 종착지가 다가오고 있다. 바로 우리 소비자가 그 가격을 수긍하고 상품을 구매할 것인가 하는 부분이다. 상품 가치로 볼 때 그 가격이 타당한지, 가격을 보는 우리의 눈이라는 관문은 호락호락하지 않다. 그 가격이 딱 좋은 가격, 구매해야 할 가격인지에 대한 판단은 순식간에 이루어진다. 한순간의 승부다. 그 가격이 만족스럽다고 느껴서 소비자가 상품을 집어 들면, 그 가격의 여행은 마침내 막을 내린다. 이 장에서는 가격이 우리의 구매 심리와 행동에 어떻게 영향을 미치는지 살펴보겠다.

적절한 가격을 순간적으로 판단하는 기준은?

가격은 품질을 알 수 있는 근거

가령 마트나 편의점에 도시락을 사러 갈 때, 맛있어 보이는 케이크나 과자를 발견해서 함께 사고 싶어지는 일이 드물지 않다. 도시락이나 음료수는 원래 살 계획이었지만, 살 계획이 없었던 케이크까지 사는 것은 어떤 심리일까? 거기서 가격은 어떤 역할을 하는 것일까?

원래 사려고 했던 도시락은 그렇다 치고, 언뜻 눈에 들어온 케이크를 사는 것은 분명 가게 안에서 거의 순간적으로 내리는 판단이다. 이미 공부한 바와 같이 우리는 상품에 가격 이상의 가치가 있다고 판단했을 때만 그 상품을 사기로 결정한다. 케이크가 2,000원이라면 그 케이크에 2,000원을 넘는 가치가 있다고 순간적으로 느낀 것이다.

상품 가치 > 가격(2,000원)

그러나 또 한 가지 주의해야 하는 점은, 우리가 그 2,000원이라는 가격이 딱 좋다고 느꼈다는 보장은 없다는 점이다. 경우에 따라서는 2,500원이어도 여전히 좋다고 느낄 가능성이 있다. 2,000원에서 2,500원 정도일 때 딱 좋다고 느꼈기 때문에 2,000원이라면 사도 괜찮은 가격이라고 판단했다고 볼 수도 있는 것이다.

케이크의 가격은 얼마여야 타당한가?

머릿속에 기준이 되는 가격이 있다

여기서 신기한 점은 왜 가격이 2,000원에서 2,500원 정도라면 타당하다고 순간적으로 느꼈냐 하는 부분이다.

　최대 2,500원을 지불해도 좋은 케이크를 2,000원에 살 수 있다면 반드시 살 수밖에 없다. 이것은 우리의 머릿속, 기억 속에 이 정도의 케이크라면 어느 정도가 타당하다는 '기준이 되는 가격'이 있기 때문이다. 다시 말해 우리가 순간적으로 가격을 평가할 수 있는 것은 반드시 기억 속에 참고가 되는 가격이 있기 때문이다. 이것을 심리학에서는 '준거가격'이라고 한다.

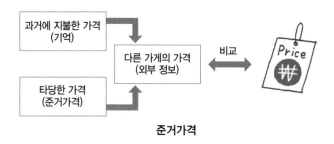

준거가격

　그 준거가격에는 두 종류가 있다. 하나는 소비자가 자신의 구매 경험에서, 이 정도의 상품이라면 이 정도의 가격이 타당하다고 생각하는 것이다. 자신이 실제로 지불한 과거의 가격에 대한 기억이 큰 역할을 한다. 다른 하나는 다른 가게에서 판매하는 가격에 대한 외부 정보를 바탕으로, 일반적으로는 이 정도의 가격에 팔린다고 생각하는 것이다. 소위 시세라고도 한다.

물론 두 준거가격이 항상 일치하지는 않는다. 예를 들어 자신의 경험으로 2,500원 정도라고 느껴도, 다른 가게에서는 2,000원 정도에 팔고 있을 수 있다. 시세는 대략 2,000원인 것이다. 그렇다면 소비자는 가격이 2,000원에서 2,500원 범위일 경우 구매할 가치가 충분하다고 생각할 수 있다.

이렇게 해서 머릿속의 '준거가격'을 바탕으로, 이 정도의 상품이라면 이 정도의 가격이 타당하다는 판단이 생겨난다. 그리고 가격표의 2,000원이 준거가격의 범위 내에 있는 것을 순간적으로 보고, 즉시 구매하는 것이다.

요약하면 우리는 눈앞의 가격표가 나타내는 가격뿐만이 아니라 기억 속의 가격과 다른 가게의 가격도 참고하면서 그 상품을 구매할지 말지 판단한다.

쇼핑의 심리와 행동의 흐름

그러나 우리의 머릿속에 있는 준거가격은 하루아침에 만들어진 것이 아니다. 성인은 하루에 평균 30분 동안 무언가를 구매한다고 한다. 연간 200시간에 가까운 구매 경험이 뒷받침되어 준거가격이 생겨나는 것이다. 또 무언가를 구매할 때마다 다양한 심리 변화를 거쳐 행동에 이르게 된다. 준거가격은 이것이 축적된 결과로 형성된다.

이제부터 구매 심리와 구매 행동이 어떻게 진행되는지, 그 흐름을 살펴보겠다.

구매는 마음의 움직임에서 시작한다

우리가 무언가를 원하는 것은 어떤 때일까? 갑자기 무언가를 먹고 싶어졌다고 하자. 점심시간이 다가올 때, 산책하러 나갔다가 우연히 눈에 띈 가게에서 맛있어 보이는 빵을 발견했을 때. 이처럼 다양한 상황이 있다.

스스로 배고픔을 느꼈을 수도 있고, 외부에서 배고픔을 유도하는 자극이 있었을 수도 있다. 그 자극에 주의를 기울임으로써 배고픔을 의식하고, 그 결과 무언가를 사 먹으려는 결심(?)으로 이어지게 된다.

인지심리학은 인간의 이러한 '주의', '의식'이 어떻게 작용하는지, 그 뇌 작용을 연구하는 분야다. '주의'란 '주변의 다양한 정보 속에서 어느 한 가지를 선택하는' 일이다. 그렇게

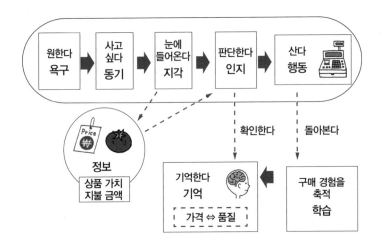

구매 심리와 구매 행동의 흐름

주의를 기울여 선택한 정보를 '의식'해서, 어떻게 할지 생각한다.

이 점을 보아도 상품의 존재에 대해 우리의 주의를 끌고 의식시키는 일에 판매자의 심리학적 장치가 숨어 있음을 알 수 있다. 이처럼 우리 소비자의 심리와 행동을 이해하기 위해서는 외부의 자극에 우리의 의식이 어떻게 반응하는지, 그것이 어떤 행동으로 이어지는지, 그 흐름을 이해할 필요가 있다.

시작은 무언가가 부족하다는 의식

무언가를 원한다는 것은 거꾸로 보면 무언가가 부족하다, 또는 없다는 뜻이다. 욕구란 무언가가 부족하다는 '의식'이기도 하다. 욕구가 있을 때 비로소 무언가를 가지려는 의식, 구매하려는 의식이 생겨난다.

욕구와 비슷한 말로 '니즈(needs)'와 '필요성'이 있다. 예를 들어 이 상품에 대한 젊은 사람들의 '니즈'가 있다고 표현한다. 구매자의 입장에서는 욕구의 유무, 판매자의 입장에서는 니즈의 유무를 말하게 된다.

그러나 욕구는 그렇게 단순하지 않다. 오늘 점심때 도시락을 먹고 싶은 것은, 물론 식욕을 충족하기 위해서이지만 동시에 동료들과 대화하는 자리를 만들고 싶기 때문일 수도 있고, 고급스러운 도시락이라면 남에게 과시하고 싶기 때문일 수도 있다. 욕구는 복잡하다. 욕구야말로 무언가를 사고자 하는 동기를 낳는 원동력임을 잊어서는 안 된다.

이 토마토를 사야 할 토마토라고 인식하는가?

원하기 때문에 사고 싶은 상품이 눈앞에 있다고 하자. 예

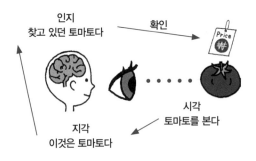

상품의 지각과 인지

를 들어 새빨간 토마토가 한 개에 1,000원이다. 우선 시각을 통해 그 상품의 가격표가 우리의 주의를 끈다. 그리고 의식을 통해 그 상품이 자신이 원하던 토마토임을 이해한다. 이것을 '지각'이라고 한다.

눈으로 보기만 해서는 아무것도 느끼지 않는다. 이것은 토마토라고 우선 지각해야 하며, 그다음 자신이 원하는 토마토인지 아닌지 인지하게 된다. 일단 상품과 가격표가 우선 눈길을 끌지 않으면 아무 소용이 없다.

이제 이 토마토를 사야 할지 말아야 할지 결정할 단계다. 상품으로서 형태, 빛깔, 규격, 손상 유무, 나아가 1절에서 공부했듯 품질에 비추어 볼 때 가격이 타당한지를 확인한다. 그리고 문제가 없으면 구매 행동에 나선다.

먹어 봤더니 기대에 미치지 못했다

그러나 음식의 가치, 맛있는 정도는 직접 먹어 보지 않으면 알 수 없다. 맛있어 보이는 감도 떨을 때가 있다. 결과가 좋을 때는 만족하고, 좋지 않을 때는 반성한다. 매일 이루어지는 구매는 만족과 반성의 반복인 동시에 축적이기도 하다.

이러한 경험의 축적, 학습, 실패를 통해 상품과 가격의 관계에 대한 판단력, 이 정도의 품질이라면 이 정도의 가격이 적당하다는 판단력을 기르게 된다. 이 판단은 우리의 기억에 남는다. 이렇게 축적된 경험이 우리의 '준거가격'이다.

새로운 구매를 하면 새롭게 학습을 하고 그 결과를 기억하게 되어 판단력이 더욱 길러진다. 이번 구매에서는 지난번보다 더욱 개선된 준거가격을 참고한다. 이 과정이 반복된다. 반대로 생각하면 구매 경험이 그다지 없을 경우 실패할 수 있다. 무슨 일이든 경험이 중요한 것이다.

우리는 매번 합리적으로 판단하지는 않는다

우리의 의사결정 시스템

그러나 무슨 일이든 경험이 중요하다고 해도, 어지간히 비싼 물건을 사는 경우가 아닌 이상 구매는 대부분 순간적이고 직감적으로 결정된다.

정말로 경험을 쌓으면 구매에 실패하지 않게 될까? 직감을 갈고닦는 일은 애초에 가능할까? 사실 그렇다고 대답할 수는 없다. 실패가 적어지기는 하겠지만, 전혀 실패하지 않게 된다고는 말할 수 없다.

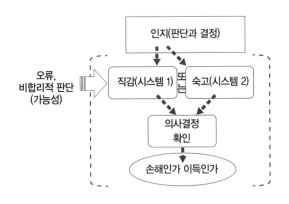

의사결정을 내리는 마음의 시스템

사리에 맞지 않는 비합리적인 판단, 오류는 결국 발생한다. 그 점은 경제학의 새로운 분야인 행동경제학에서 규명되고 있다. 왜 그렇게 될까? 우리가 판단과 의사결정을 내리는 마음의 시스템을 명확히 들여다보는 일부터 시작해 보자.

빠른 사고와 느린 사고가 있다

눈앞에 빵이 있다고 하자. 이 빵을 인지하고, 살지 말지 판단하고, 사기로 결정한다. 한편 자동차를 살 때도 마찬가지로 살지 말지 판단한다. 똑같아 보이지만, 빵을 살 때는 거의 '직감'을 이용해서 의사결정을 내리고, 자동차를 살 때는 '숙고'해서 의사결정을 내린다.

우리는 장을 볼 때와 같이 몇 번이고 판단을 내려야 할 때는 직감을 이용하고, 자동차 등 비싼 상품을 구매할 때는 직감이 아니라 확실히 숙고해서 구매를 결정한다.

행동경제학에서는 무의식적으로 빠른 직감적 사고를 '시스템 1', 의식적이고 느린 사고를 '시스템 2'라고 부른다. 우리는 무거운 결정에는 시스템 2, 그 외에는 가능한 한 시스템 1을 활용한다. 매일 대량으로 발생하는 사소한 일에 시스템 2를 적용하면 뇌에 큰 부담이 되므로, 뇌에 지나친 부담이 되

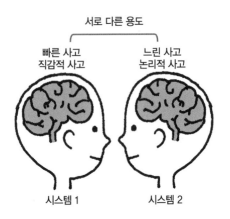

서로 다른 용도

빠른 사고
직감적 사고

느린 사고
논리적 사고

시스템 1

시스템 2

두 종류의 사고

지 않도록 주로 시스템 1을 이용하는 것이다.

직감이 없으면 생활할 수 없다

우리의 생활과 일에서 직감은 상상 이상으로 커다란 역할을 한다. 자전거를 탈 때 길에서 돌멩이를 발견하고 넘어지기 전에 핸들을 꺾는 것도 직감 덕분이다. 생각하고 있을 시간은 없다. 직감을 통한 순간적인 판단이 우리를 구하는 것이다.

우리 소비자뿐만이 아니라, 편의점이나 패스트푸드점과 같은 판매자 측도 시간을 들이지 않고 주문을 처리할 수 있도록 거의 직감적인 판단과 처리를 전제로 일한다.

전문성 높은 의료 진단에서도 의사의 직감적인 판단력이 중시된다고 한다. 의료 진단은 경우에 따라서는 생명과 관계되며 시간을 다투는 긴급한 행위인데, 거기서도 의사의 직감이 큰 역할을 하는 것이다.

진단에서는 직감적인 판단과 함께 그것을 뒷받침하는 치밀한 데이터 분석이 실시된다.

직감에는 한계가 있다

그러나 빠른 사고, 직감에는 분명 한계도 있다. 다음 문제를 '직감적'으로 생각해 보자.

야구방망이와 공을 합쳐서 11,000원이다.
야구방망이는 공보다 10,000원 비싸다.
그러면 공은 얼마일까?

필자의 경험에 비추어 보면 직감을 통해 정답을 말하는 사람은 없다. 대부분 사람이 1,000원이라고 대답한다. 그러나 정답은 500원이다.

왜 대부분 사람은 1,000원이라고 대답할까? 그것은 직감적으로 대답하기 때문이다. 차분히 생각해 보면(시스템 2를 이용하면) 공이 1,000원일 경우 야구방망이가 11,000원, 합쳐서 12,000원이 되므로 정답이 아님을 곧 알 수 있다.

직감은 사실 이 정도의 계산 문제도 처리하지 못하는 것이다. 우리는 쉬운 문제라고 느끼면 굳이 생각하지 않고(시스템 2를 이용하지 않고) 감각적으로 11,000원에서 10,000원을 빼서 틀린 답을 내놓는다.

그 외에도 가령 유명인이 TV에서 추천하는 상품이 좋게 느껴지는 것도 '후광효과'라고 해서, 감각적인 인상으로 사물을 판단하는 직감과 관련되어 있다. 우리는 이러한 한계를 염두에 두고 직감을 활용해야 한다.

손해와 이득도 직감적으로 판단한다

우리가 가격을 보고 손해인지 이득인지 판단하는 것도 직감의 영역이다. 물건을 구매할 때는 어떻게 이득을 보고 손해를 피할지가 중요하다. 문제는 일상적인 구매에 대부분 직감만을 적용한다는 것이다. 그래도 괜찮을까?

가격이 높은 물건을 살 때는 (시스템 2를 활용해서) 잘 생각하

며 득실을 판단하므로 그다지 잘못된 판단을 내리지 않는
다. 그러나 일상적으로 직감을 이용할 때는 득실을 잘 판단
할 수 있을까? 당연하지만 1절에서 배운 마음속 '준거가격'이
구매의 득실을 판단하는 기준이 된다. 눈앞에 있는 가격표
의 가격이 마음속 준거가격보다 높으면 '비싸다', 낮으면 '싸
다'라고 느끼는 것이다.

이처럼 직감으로 판단하는 경우에도 순간적으로 기억 속
준거가격을 참고해서 판단한다. 가령 할인을 해서 평소보
다 가격이 낮은 상품이 있으면 덥석 사고 마는 경우를 예
로 들 수 있다. 판매자는 어느 정도의 가격이어야 구매자가
이득이라고 느낄지 예측하며 상품을 판매하도록 명심해야
한다.

판매자가 교묘히 이용하는 쇼핑 심리

더 높은 가격에 사 주기를 바란다

판매자 입장에서는 소비자가 가능한 한 높은 가격으로 상
품을 사 주는 것이 최선이다. 앞 장에서 살펴봤듯 가게는 항

상 소비자에게서 가격 인하 압력, 다른 가게에서 가격 경쟁 압력을 받는다. 가게로서는 경영을 유지하기 위해 가격 인하 압력과 가격 경쟁 압력에 굴복하지 않을 필요가 있다.

그렇다면 판매자는 어떻게 마케팅을 이용해 우리의 구매 심리에 영향을 미칠까? 여기에 초점을 맞춰 세 가지 사례를 생각해 보자.

① 10원이라도 더 싼 가게를 찾는 우리가, 카페에서 파는 커피는 비싸다고 생각하지 않는 이유는 무엇일까?
② 음식점의 메뉴판을 보면 왜 맨 처음에 비싼 음식이 있는 경우가 많을까?
③ 왜 마트의 입구 부근에는 특별 할인 상품이 진열되어 있을까?

① 1의 이유는 분위기와 만족감도 가격에 포함되기 때문이다.

지금까지 살펴보았듯 기본적으로 가격은 그 상품의 가치를 나타낸다. 그러나 우리가 느끼는 상품 가치에는 그 상품뿐만이 아니라 그 가게의 분위기, 점원의 접객 등도 포함되는 것으로 보인다.

우리는 커피뿐만이 아니라 카페의 분위기와 만족감을 생

각하고, 그 대가로 높은 가격을 지불해도 좋다고 느낀다. 그 래서 커피 가격이 비싸다고 느끼지 않는 것이다. 이미 공부 했듯 우리는 가격 이상의 가치가 있으면 그 가격을 지불한 다. 반대로 말하면, 상품의 가치를 끌어올릴 수 있다면 그만 큼 높은 가격에 팔 수 있다는 뜻이 된다.

② 의 이유는 우리가 처음에 본 가격을 기준으로 삼기 때문이다.

우리는 첫인상에 나중까지 사로잡히는 경우가 있다. 가격 도 첫인상이 중요하다. 음식점의 메뉴에는 수많은 요리가 있는데, 가게 측은 첫 페이지에 있는 음식 가격이 주는 첫인 상이 그 가게의 기준이 된다고 생각한다. 처음에 낮은 가격 의 메뉴를 보여주면 그 가게는 값싼 가게로 인식된다. 물론 그런 전략을 이용하는 가게도 있다.

높은 가격의 요리를 보여주면 그 가게는 비싸지만 좋은 음 식을 내놓는 가게라는 첫인상을 줄 수 있다. 중요한 것은 첫 페이지의 비싼 가격이 발판이 되어, 다른 음식도 당연히 비쌀 것이라는 느낌이 생겨난다는 데에 있다. 이 심리를 심리학에 서는 '앵커링(anchoring)'이라고 한다. 앵커(anchor)란 배의 닻 을 뜻한다. 닻을 내리면 배가 정박하듯, 첫인상이 닻을 내려 서 그 뒤의 의사결정에 영향을 미치는 심리를 가리킨다.

③ 의 이유도 앵커링의 사례다.

입구 부근은 곧 가게의 얼굴이기 때문에 판매자에게 중요한 장소다. 손님이 가게에 발을 들여놓았을 때 바로 눈앞에 특별 할인 코너가 있으면, 이 가게는 좋은 상품을 저렴하게 파는 가게라는 인상을 받을 수 있다.

반대로 백화점의 입구 부근에는 고급 화장품 매장이 있는 경우가 많다. 이 경우는 반대로 고급스럽고 가치 있는 상품을 취급하는 곳이라는 첫인상을 주기 위해서다.

판매자에게 앵커링은 매우 중요하지만 어렵기도 하다. 처음에 고가 상품을 너무 많이 보여주면 이 가게는 비싼 가게라는 인상을 주게 된다. 반대로 저가 상품을 너무 많이 보여주면 이 가게는 싸구려만 파는 가게라는 인상을 줄 수 있다.

그래도 가게는 '소비자가 기대한 가격에 물건을 팔기' 위해 첫인상으로 승부하고 있다.

가격의 오르고 내림은 쇼핑 심리에 어떻게 작용할까?

가격 인상은 물론 가격이 올라가는 일이다. 예를 들어 어제까지 1,000원이었던 과자가 오늘 가게에 가 보니 1,100원이라고 하자. 오늘 돈이 1,000원밖에 없다면 그 과자를 살 수 없게 된다. 당연한 일이다. 그래서 가격 인상은 달갑지 않은 일인가 하면, 아직 그렇게 말하기는 이르다. 여기에는 '상품의 가치는 달라지지 않았다'는 전제가 있다.

제1장에서 소개했듯 우리는 상품에 가격 이상의 가치가 없으면 그 상품을 사지 않는다.

상품 가치 ≥ 가격

상품 가치에 변화가 없으면 가격을 인상했을 때 상품에 그 가격보다 더 큰 가치가 있는지 의심하게 된다. 가령 2,500원인 케이크에 3,000원 정도의 가치가 있다고 생각했다고 하자.

이때 가격을 1,000원 올려서 3,500원이 되면 가격이 상품 가치보다 높아지므로 구매하지 않게 된다. 이것이 가격 인상의 리스크다.

그러나 가격 인상과 동시에 품질과 상품 가치를 높이면 그 전과 마찬가지로 가격 이상의 상품 가치가 존재할 가능성이 커진다. 1장에서 설명했듯 상품을 보는 우리의 눈은 이안 반사식 카메라와도 같다. 가격과 품질을 동시에 보기 때문에, 가격을 높임과 함께 상품 가치도 높이면 문제가 없을 가능성이 커진다.

가격 인하에도 리스크가 있다

그렇다면 가격 인하에는 문제가 없을까? 가격이 낮아지면 우리가 물건을 살 가능성은 커진다. 어제까지 5,000원이었던 케이크가 오늘 4,000원이 되었다면, 어제의 5,000원을 기준으로 생각할 때 이득이므로 구매를 결정하게 된다. 그러나 이야기는 그렇게 단순하지 않다. 우리에게 가격은 품질과 가치를 알아내는 중요한 단서다.

케이크의 가격이 4,000원이 되었다면, 사실 그 케이크의 가치도 4,000원에 불과할지 모른다고 느끼게 된다. 다음날 다시 원래 가격인 5,000원으로 되돌아갔을 때, '뭐야, 4,000원의 가치밖에 없는 케이크를 5,000원에 팔고 있는 것 아니야?' 하는 느낌도 생겨날 수 있다.

가격 인하는 판매에 효과적이지만, 지나치게 가격을 내리면 소비자는 마치 상품 가치 자체도 내려간 듯 느낄 수 있다. 그 때문에 매출도 오르지 않을 위험이 있으므로 주의할 필요가 있다. 결과적으로 가격 인하를 통해 판매량을 늘림으로써 수입을 늘리려던 계획을 달성하지 못하게 될 리스크가 생겨나는 것이다.

우리도 경험을 쌓아 직감을 기르자

이처럼 판매자들은 온갖 방법으로 우리의 구매 심리에 영향을 미친다. 가격을 둘러싸고 밀고 당기는, 구매자와 판매자의 눈에 보이지 않는 심리 게임은 꽤나 까다롭다. 특히 직감에 의지해 물건을 구매하는 일이 많은 우리는 직감의 정밀도를 높일 수밖에 없다.

행동경제학에 따르면, 적절한 훈련을 거듭하면 전문적인 기능을 연마하고 그것을 바탕으로 한 반응과 직감을 형성할 수 있다고 한다. 예를 들어 피아노 연주를 처음 배울 때는 의식하며 건반을 누르지만, 피아니스트가 되기 위해서는 훈련을 거쳐 자동으로 손가락이 움직여야 한다.

직감(시스템 1)을 갈고 닦는 출발점도 생각(시스템 2)을 훈련하는 것이다. 직감에만 의존하지 않고 생각하며 물건을 구매하는 경험을 축적하면 판단력이 높아져서, 직감에 의존할 때도 올바른 판단을 할 수 있게 되는 것이다.

역시 모든 일에서 경험이 중요함을 알 수 있다. 이 책을 읽고 경제의 시스템을 이해한 후에는 편의점이나 식당 등 실제 경제 현장에서 가격이 어떻게 움직이는지, 왜 그 가격인지 등을 관찰하며 생각해 보기를 독자 여러분에게 권하는 바다. 경제를 보는 눈을 기를 수 있을 것이다. 각 장 마지막 부분의 '배운 내용 실천하기', '권장하는 습관'을 참고하는 것도 좋다. 현장은 살아있는 경제 교과서다.

독자 여러분은 앞으로 경제학과 마케팅 등 다양한 전문 지식을 학습하게 될 것인데, 항상 교과서에서 얻은 지식을 현장에서 확인하면 매우 유익할 것이다.

이 장에서 배운 경제학의 요점

①우리가 상품을 구매할 때는 우선 그 상품을 원한다는 욕구가 동기가 되고, 그다음 상품의 품질과 가격이 타당한지 판단해서 결정한다.

②우리는 가격을 확인할 때 그때까지의 구매 경험에서 얻은 기억 속의 '기준이 되는 가격'과 비교해서, 그 가격이 타당한지 확인한다.

③우리의 구매는 직감적으로 이루어지는 경우가 많다. 직감적으로 가격을 볼 때는 다른 외부 정보에 심리적으로 영향을 받는 일이 많다.

④판매자들은 마케팅을 통해 우리의 구매 심리에 영향을 주고자 한다.

배운 내용 실천하기

1) ①~④를 바탕으로, 소비자로서 물건을 살 때는 어떻게 가격을 판단해야 할까?

2) 자신이 판매자가 된다면 어떤 전략을 생각해야 할까?

1) 구매자의 입장: 한 가게의 가격만 보지 말고 여러 가게의 가격을 비교해 보자.
2) 판매자의 입장: 가격보다 상품 가치를 알리는 방법을 생각해 보자.

. . . .

이 장의 용어

준거가격: 소비자가 기억하는 가격 정보
앵커링: 처음에 본 정보에 영향을 받는 심리
인지: 그 대상이 있음을 알아차리는 것
시스템 1, 시스템 2: 시스템 1은 직감적이고 빠른 사고, 시스템 2는 분석적이고 느린 사고

덧붙이는 장

눈에 보이지 않는
가격도 있다

세상의 '가격' 중에는 무료라는 가격도 있고, 가격이라고 부르지는 않지만, 사실은 가격이 존재하기도 하는 등 재미있는 사연이 많다. 이러한 가격들에 얽힌 흥미로운 이야기 한 자락을 마지막으로 소개하겠다.

칼럼①
무료여도 괜찮을까?

무료, '공짜'라는 가격도 있다. 역에서 무료로 나눠주는 무가지, 무료로 들을 수 있는 인터넷 음악 서비스, 마트의 시식 코너는 모두 공짜다.

제3장에서 배운 바와 같이 모든 상품에는 그 상품을 만드는 데에 들어간 원가가 있다. 공짜로 만들 수 있는 상품은 없다. 인터넷도 마찬가지여서, 웹페이지를 만들고 업데이트하는 비용과 인건비 등 다양한 비용이 숨어 있다. 무료로 팔면 비용을 회수하지 못할 것이다. 그래도 괜찮을까?

이것은 상당히 어려운 문제다. 두 가지 답을 생각할 수 있다. 하나는 누군가 다른 사람이 비용을 부담하는 것이다. 무가지의 경우는 많은 회사가 광고를 싣는다. 그 광고료로 제작비용을 충당하는 것이다. 인터넷 음악 서비스도 비슷하다. 이러한 무료 서비스에는 반드시 음질과 서비스가 더 좋은 유료 서비스가 함께 존재한다.

그 유료 서비스로 벌어들인 수입으로 서비스 전체의 비용을 충당하고 이익을 창출하는 것이다. 이것은 무료 가격을 보고 들어온 고객을 유료 서비스로 유도해서 최종적으로 이익을 창출하는 비즈니스 시스템이다. 교묘한 사업 모델인 것이다.

칼럼②
보이지 않는 가격에는 어떤 의미가 있을까?

일부러 가격을 보여주지 않는 판매 방식도 있다. 외국의 명품 매장에 가면 상품에 가격표가 붙어있지 않은 경우가 많다. 여기에는 어떤 의미가 있을까?

가격을 영어로 price라고 한다. 그보다 어렵지만 priceless라는 단어도 있다. Less란 '없다'는 뜻이다. 그래서 priceless라는 단어는 '가격이 없다'는 뜻이 된다. 이 말을 해석하면 가격을 알 수 없을 정도로 가치가 있다는 뜻이다.

구매 심리의 관점에서 생각하면, 가격표가 있으면 그 가격을 보고 가치를 잴 수 있으며 누군가가 그 물건을 살 수 있다. 그러나 가격표가 없으면 그 상품의 가격을 알 수 없다. 따라서 어떤 가격이든 괜찮은 사람, 돈이 많은 사람만이 살 수 있는 고급 상품이라는 뜻이 된다.

횟집의 시가

보여주지 않는 가격 중에는 '시가'도 있다. 횟집에 가면 가게 벽에 생선의 이름과 함께 '시가'라고 쓰여 있는 경우가 있다. 이것도 가격을 보여주지 않음으로써 고급 상품임을 알리는 것인데, '시가'라는 말의 '시'를 주목하자.

제3장에서 살펴봤듯 생선 등의 신선식품은 도매시장에서 거래되며, 그날의 수요와 공급의 움직임에 따라 매일 가격이 달라진다. 특히 고급 생선은 수도 적고, 가격 변동도 일반 생선보다 크다. 매일 가격이 달라진다는 전제가 있기 때문에 '시가'라고 쓸 수밖에 없는 사정이 있는 것이다.

칼럼③
가격의 끝자리를 주목하자

판매자에게 가격의 끝자리는 중요한 마케팅 수단이다. 마트의 전단지를 봐도 거의 모든 가격의 끝자리가 80원 또는 90원이다.

여기에는 어떤 의미가 있을까? 예를 들어 2,980원이라면 사실상 거의 3,000원이지만, 그보다 20원 낮춤으로써 2,000원대의 상품이라는 인상을 주는 것이 목적이다.

우리는 숫자를 읽을 때 왼쪽부터 읽는다. 우선 2라는 숫자가 눈에 들어온 후 시선을 오른쪽으로 움직인다. 처음에 2를 보여줌으로써 이 가격은 2,000원대라고 인식시키는 것이다.

3,000원과 2,980원을 비교할 때 3,000원일 때보다 2,980원일 때 팔리는 수량과 수입이 더 많아지는 현상을 노리는 것이다.

앞에서 살펴본 바와 같이 가격에 따라 구매 수량이 달라진다. 가격의 변화에 대한 반응과 탄력성이 높으면 가격을 조금 낮추는 것만으로 구매 수량이 늘어날 가능성이 높아진다.

그러나 과일은 그렇다 치고 채소처럼 일상적으로 구입하는 상품은 탄력성이 그다지 높지 않기 때문에 20원을 낮췄을 때의 효과는 그다지 크지 않을 것이다.

그보다도 끝자리가 80원 또는 90원인 상품은 할인 또는 특가 상품의 이미지와 연결되어 있다. 그 상품은 세일 상품이라는 이미지를 주는 심리적인 효과를 노리는 것으로 보인다.

이미 모두들 알고 있듯 이것은 판매에서 하나의 관습으로 정착한 수법인데, 너무 많이 사용되어서 그 심리적인 효과도 제한되어 있는 것으로 보인다.

칼럼④
사은품과 할인 중 무엇이 이득일까?

판매자는 상품을 더 많이 팔기 위해 가격을 바꾸기도 하지만, 가격은 그대로 두고 사은품을 얹어 주기도 한다. 예를 들어 하나에 1,000원인 초콜릿을 10% 할인해서 900원에 파는 경우와 가격은 그대로 두고 사은품으로 캐릭터 인형을 끼워 주는 경우. 구매자는 둘 중 무엇을 고를까?

구매자의 입장에서는 어떻게 생각해야 할까? 또 판매자의 입장에서 이것은 어떤 전략일까?

구매자에게는 둘 중 무엇이 더 이득이냐 하는 문제가 된다.

① 10% 할인의 경우: 900원으로 1,000원짜리 초콜릿을 살 수 있다.

② 사은품의 경우: 1,000원으로 1,000원짜리 초콜릿과 함께 공짜 사은품을 받을 수 있다.

이것은 사은품에 존재하는 가치의 문제다. 보통 사은품 중에는 우리의 관심을 끌 만한 캐릭터나 자동차 등의 장난감이 많다. 이러한 사은품의 공통점은 그 가치가 얼마인지 알기 어렵다는 점이다.

한편 그 사은품을 원하는 사람은 항상 거기에 상당한 가치가 있다고 느낀다. 그래서 가격은 똑같아도 사은품을 더함으로써 구매자가 충분히 이득이라고 느끼도록 할 수 있다. 그러나 그 사은품을 원하지 않는 사람에게는 아무 가치도 없으므로, 그 경우는 할인이 더 좋다.

마케팅은 어느 고객층을 노리느냐가 중요하다. 사은품은 특정한 소비자들에게 상품을 팔고자 할 때, 할인은 일반적인 소비자들에게 폭넓게 상품을 팔고자 할 때 취하는 전략이다. 사은품은 오랫동안 장사에서 활용되어 온 수단이다. 현대의 포인트 카드도 형태를 달리한 사은품이라고 생각해도 좋을 것이다. 다만 그 사은품은 나중에 할인으로 바꿀 수 있으므로 매우 강력한 판매 수단이라고 할 수 있다.

　마지막으로 사은품 이야기도 끝나고, 드디어 이 책도 종착점에 다다랐다.

경제학의 입구에서 보이는 것

'가격'을 만들어 내는 긴 여행, 어떠셨나요? 여행을 마친 지금, 여러분은 비로소 경제학의 입구에 서게 되었다고 할 수 있습니다. 이 책을 통해 전달하고 싶었던 것은 다음과 같습니다.

① 사회는 다양한 시스템 덕분에 성립한다.
② 특히 가격을 중심으로 움직이는 경제 시스템이 우리 생활의 기둥이다.

그리고 가격이 형성되는 여행길을 따라감으로써 그 시스템이 어떻게 작동하는지 알 수 있었을 것입니다.

경제학이란 '우리의 생활을 지탱하는 사회의 시스템'을 밝

혀내는 학문이며, 결코 책상에서만 이루어지는 추상적인 학문이 아닙니다. 그 입구에서 보이는 경제학의 시스템, 그리고 그 시스템을 지탱하는 무수한 사람들의 착실한 활동은 결코 '보이지 않는 손'의 작용이 아니라, 우리의 소위 땀의 결정체임을 잊어서는 안 됩니다.

다만 주의해야 할 점은, 경제의 시스템은 간단하지 않으며 복합적으로 결합된 다양한 시스템으로 구성되어 있다는 사실입니다. 그래서 경제의 시스템은 단순한 가격 메커니즘을 들여다보는 것만으로는 설명할 수 없습니다. 경제학에서도 그 외의 다양한 전문 분야, 나아가 경제학에 인접한 마케팅, 경영학, 심리학, 최신 데이터 분석, AI 등 수많은 학문 분야의 지식을 통해 비로소 설명되는 부분이 많습니다. 즉 경제 시스템은 경제학을 중심으로 한 수많은 관련 분야의 지식을 통해 비로소 규명되는 매우 복잡한 시스템이라고 생각할 필요가 있습니다.

그래서 이 책에 등장한 학문에는 경제학과 관련된 사회과학이 많이 포함되어 있습니다. 경제학의 전통적인 가격 메커니즘을 분석하는 가격이론은 물론이고 최신 게임이론, 행동경제학, 경매이론, 그리고 시장 분석이라는 고도의 응용경제학의 한 자락까지 포함되어 있습니다. 거기에 더해 경제학과 관련된 전통적인 마케팅, 소비자행동, 심리학, 경영 분석, AI, 데이터 과학이라는 흥미로운 분야들의 입구에도 다가갈 수 있습니다.

학문을 탐구하는 일은 즐겁고 흥미롭습니다. 사회의 배경에 있는 시스템을 마치 탐정과 같이 학문적으로 규명하는 일은 재미있습니다. 책의 첫머리에서 이야기했듯 이 책을 다 읽은 후, 가게에서 수많은 가격표를 봤을 때 그 가격이 거쳐 온 '긴 여행', 그 여행에 관련된 무수히 많은 사람, 그리고 그 덕분에 우리가 생활할 수 있다는 사실을 떠올리기 바랍니다.

감사합니다.

가격 경제학

초판 1쇄 인쇄 | 2021년 10월 25일
초판 1쇄 발행 | 2021년 11월 5일

지은이 | 도쿠다 겐지
옮긴이 | 이정미
발행인 | 노승권
발행처 | ㈜ 한국물가정보

주소 | (10881)경기도 파주시 회동길 354
전화 | 031-870-1062(편집), 031-870-1060(마케팅)
팩스 | 031-870-1097

등록 | 1980년 3월 29일
이메일 | editor@kpi.or.kr
홈페이지 | www.kpi.or.kr

값은 뒤표지에 있습니다.